通识学院

101 Things I Learned in Business School

关于**商业**的 101 个常识

[美] 迈克尔·普赖斯（Michael W. Preis） [美] 马修·弗雷德里克（Matthew Frederick）著　杨静娴 译

中信出版集团 | 北京

图书在版编目（CIP）数据

关于商业的 101 个常识 /（美）迈克尔·普赖斯，（美）马修·弗雷德里克著；杨静娴译. -- 北京：中信出版社，2023.10
（通识学院）
书名原文：101 Things I Learned in Business School
ISBN 978-7-5217-5268-7

Ⅰ.①关… Ⅱ.①迈…②马…③杨… Ⅲ.①商业经营－基本知识 Ⅳ.① F715

中国国家版本馆 CIP 数据核字（2023）第 161415 号

101 Things I Learned in Business School by Michael W. Preis with Matthew Frederick
Copyright © 2010, 2021 by Matthew Frederick
This translation published by arrangement with Three Rivers Press, an imprint of the Crown Publishing Group, a division of Penguin Random House LLC
Simplified Chinese translation copyright © 2023 by CITIC Press Corporation
ALL RIGHTS RESERVED
本书仅限中国大陆地区发行销售

关于商业的 101 个常识

著　者：[美]迈克尔·普赖斯　[美]马修·弗雷德里克
译　者：杨静娴
出版发行：中信出版集团股份有限公司
　　　　（北京市朝阳区东三环北路 27 号嘉铭中心　邮编　100020）
承 印 者：北京盛通印刷股份有限公司

开　本：787mm×1092mm　1/32
印　张：6.5
字　数：90 千字
版　次：2023 年 10 月第 1 版
印　次：2023 年 10 月第 1 次印刷
京权图字：01-2019-7272
书　号：ISBN 978-7-5217-5268-7
定　价：48.00 元

版权所有·侵权必究
如有印刷、装订问题，本公司负责调换。
服务热线：400-600-8099
投稿邮箱：author@citicpub.com

来自迈克尔

致我的母亲埃莉诺·B. 普赖斯,感谢您始终相信我。

作者序

MBA 可谓最受欢迎的研究生学位之一,被许多人视为获得一份好工作和高薪职业的可靠途径。不过,尽管 MBA 可以帮助一个人开启职业生涯,并助其走上职业发展的快行道,但它并不是获得长期成功的最重要因素。

现实生活中经常发生的情况是,就在大多数人弄清楚游戏规则的时候,游戏规则往往就会改变。如今,一个人受雇于一个雇主或在一个行业度过整个职业生涯的情况远不如以前普遍。现在的职场人士在整个职业生涯中可能会为多个雇主工作,甚至在多个行业工作。因此,至关重要的是,要在面对新挑战时快速学习,适应变化,遵从道德规范,同时还能保持激情和敏锐的思考。

商学院为未来的商界精英提供特定信息、技能和工具，但更重要的是，它潜移默化地使你愿意并精于在课堂之外学习。此外，所谓商业并非特指一门学科；相反，它是一个宽泛的领域，涵盖了会计学、传播学、经济学、金融学、领导力、管理学、市场营销学、运筹学、心理学、社会学和战略等诸多领域。那些将自己的学习局限于其中一个领域的人，可能会限制自身发展前途。从长远来看，最有可能在商业上取得成功的人，恰恰是那些对商业有最广泛、最开放理解的人。

无论你是学生、经验丰富的商人、刚刚起步的创业者，还是对商业感兴趣的人，本书中关于商业的常识都将对你大有裨益。你可能会在多年之后才有机会运用其中的一些常识，但我希望它们能增进你对商业世界的理解，并帮助你在这个有趣而又充满挑战的领域游刃有余。

迈克尔·普赖斯

成本 + 利润
= 售价

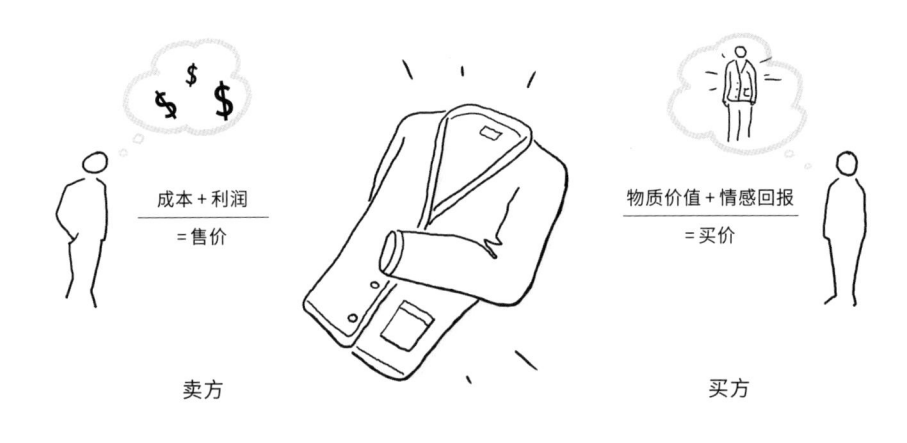

物质价值 + 情感回报
= 买价

卖方

买方

商业的本质是价值交换

  在商业交易中,每个交易者都认为,其所收到之物的价值高于其所提供之物的价值。一位顾客以 50 美元的价格购买了一件毛衣,那么这位顾客认为,这件毛衣比这 50 美元更有价值,而卖方则认为这 50 美元比这件毛衣更有价值。

  因此,物品的价值并不纯粹是物质或金钱价值,而可能是情感价值。价值也可能是预期性的。例如,一个人可能会因一台冰激凌机能在未来产生收入而愿意为它"多付钱"。从这个意义上讲,商业有时被定义为当前价值与未来价值的交换。

商业是一个需要多方协作的领域

会计： 商业语言，以货币的形式组织和传达交易信息。

金融： 管理货币和货币性资产。

市场营销： 系统性地识别和响应顾客的需求和愿望，包括协调品牌、促销、分销和交付事宜。

生产和运营： 协调及监督生产和服务提供等活动。

组织行为学： 研究人们在工作环境中的行为和互动的学科，包括激励策略、企业组织和文化、领导模式、群体心理学和冲突解决。

经济学： 一门内容涵盖广泛的社会科学，涉及商品、服务和金融资源的生产、分配及消费。

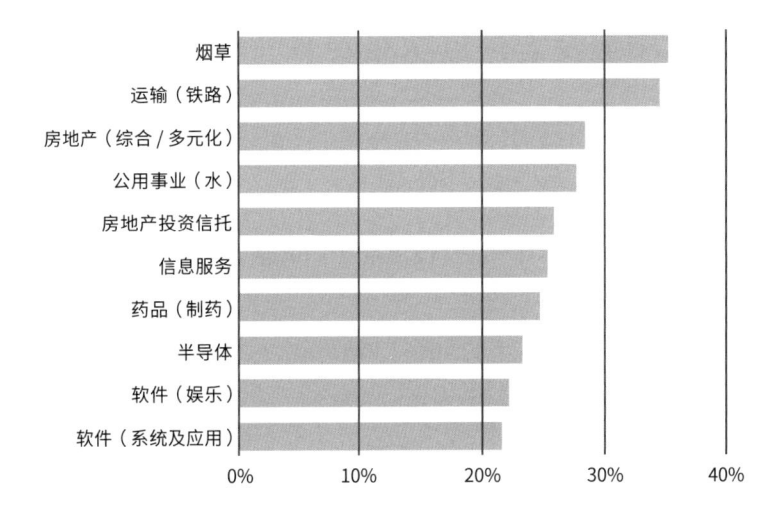

行业	百分比
烟草	~35%
运输（铁路）	~34%
房地产（综合/多元化）	~28%
公用事业（水）	~27%
房地产投资信托	~25%
信息服务	~25%
药品（制药）	~24%
半导体	~23%
软件（娱乐）	~22%
软件（系统及应用）	~21%

2019 年税后收入占比最高的行业

资料来源：阿斯沃斯·达摩达兰，纽约大学斯特恩商学院

3

私营企业追求利润，公营企业追求普遍性。

以营利为目的的私营企业是为其所有者赚钱而成立的。

非营利组织由个人和组织创建，旨在促进社会事业，如为穷人提供食物、经营博物馆或教授工作技能。通过此类活动赚取的资金必须用于推动该组织的事业，而不是返还给其所有者。

公营企业的存在是为了服务于普遍性利益。例如，拥有安全的饮用水符合普遍性利益；因此，一家公营实体可能会运营供水和污水公用事业。

一些公营企业最初是私营企业。消防部门曾经是为付费客户提供服务的私营企业。但是，由于一栋正在燃烧但不在付费服务范围的建筑物会威胁到已付费建筑物的安全，因此消防逐渐被公认为一种普遍性利益。

公营企业的一个常见替代方案是**受监管的垄断企业**，如电力、电话或天然气公用事业公司。政府会对价格实施管控，并通常要求提供普遍性服务，甚至包括无利可图的领域。

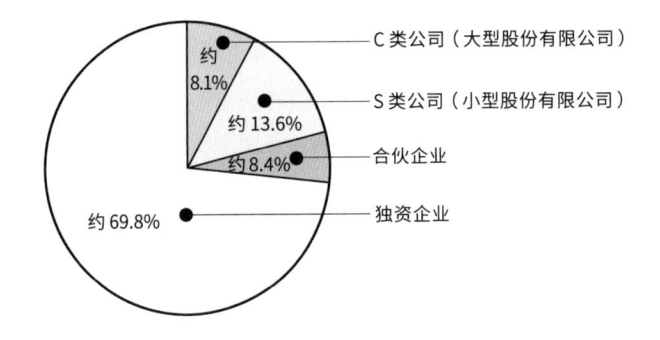

- C类公司（大型股份有限公司）约 8.1%
- S类公司（小型股份有限公司）约 13.6%
- 合伙企业 约 8.4%
- 独资企业 约 69.8%

2014 年美国企业所有权构成
资料来源：美国人口普查局和美国税收基金会

企业所有权

独资企业：指个人所有的非公司企业。尽管可以使用单独的企业名称，但所有者和企业在法律上是同一实体。这是最简单的所有权形式，所有者对公司的全部行为和债务承担个人责任。

合伙企业：性质与独资企业相同，但拥有多个所有者。合伙人的所有者权益不必平等，但任何合伙人都可能对其他合伙人的行为负责。责任与所有者权益不成比例。

有限责任公司：一种混合所有制形式，它既有独资企业和合伙企业的简单性和税收灵活性，又有公司的个人责任优势。

公司：在法律上不能等同于其所有者的商业实体，所有者无须对公司的行为或债务承担个人责任。所有者是股东。股票可以由私人持有（例如家族企业），也可以在证券交易所公开交易。C类公司根据净利润纳税，而S类公司将部分收入和亏损转嫁给所有者，计入其个人纳税申报表。

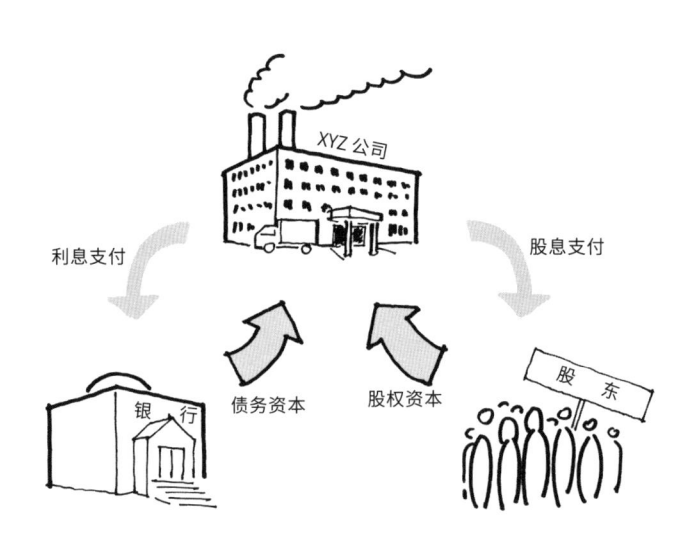

资本是货币或"准货币"

股权资本是通过将企业的部分所有权出售给投资者（也被称为股权所有者或股权合伙人）而获得的。它被视为永久资本，因为投资者提供的资金永远不需要偿还。上市公司的股票可以在公开市场上进行买卖。在小型和闭锁型公司中，所有者向其他投资者出售股票可能会受到限制。

债务资本是通过借款获得的。这种资本是暂时性的，因为它必须偿还给贷款人。债券和银行贷款是债务资本的两大来源。

XYZ 公司 №33101-57

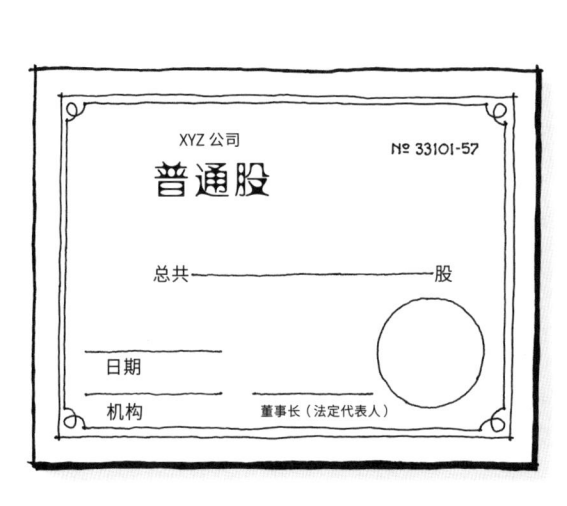

普通股

总共————————股

日期 _____

机构 _____   董事长（法定代表人）

股票代表所有权，债券是欠条。

股票是公司所有权的增量。**普通股**持有者选举董事会来监督公司的管理。如果公司盈利，这些股东通常会获得股息。**优先股**持有者通常没有投票权，但在股息支付和财产清算方面优先于普通股股东。一些优先股具有转换为普通股的权利。

债券并不代表所有权。它是公司和政府用来借钱的工具。**有担保债券**是发行人以特定资产作为抵押品，以换取现金。抵押债券就是一个例子。在破产的情况下，法院指定的受托人会出售抵押资产，并将所得收益用于偿还债券持有人。**无担保债券**或**公司债券**没有抵押品作为担保。在破产的情况下，债券持有人必须与其他债权人竞争清偿款项。

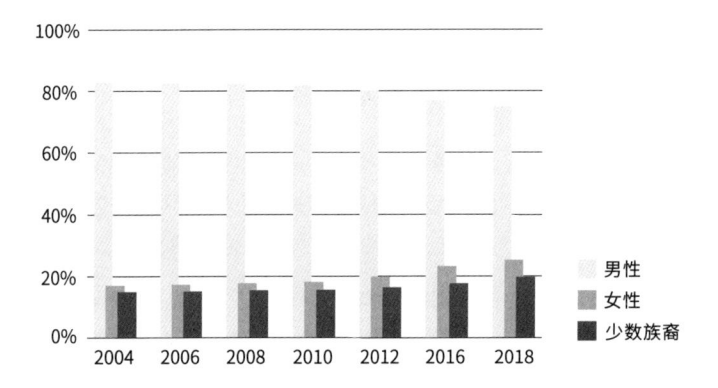

财富500强董事会构成
资料来源:《缺失的碎片报告:2018年财富500强董事会内女性及少数族裔人士多样性普查》

董事会

　　法律要求公司设立董事会，董事会由所有者（股东）选举产生，并对其负有信托责任。董事会应由业内专家组成，代表所有者和其他利益相关者的长期利益。

　　董事会在战略层面而非日常层面实施管理。它负责制定政策，明确发展方向，雇用和监督企业高层管理者，负责企业遵守法律法规，并确保有足够的资源用于经营。

　　非营利性组织的董事不代表股东，而是代表该组织的成员以及公众。有些组织（既包括非营利性，也包括营利性组织）的董事会认为自己对所有对该组织活动感兴趣或受其影响的对象负责，包括客户、员工、供应商、所在社区，乃至自然环境。此类董事会在成员构成上会努力争取反映出其活动所在社区的多样性。

8

未来，将不再有所谓的女性领导者，只有领导者。

——谢丽尔·桑德伯格，脸书公司前首席运营官

商业哲学与经营理念

商业哲学关注的是商业作为一项人类事业的本质和意义。例如,它从根本上是一种经济现象还是社会现象,它对社会负有的道德义务,政府应该在多大程度上规范商业,以及资本主义经济和社会主义经济中商业运作和意义的差异。

经营理念指的是特定公司的价值观或经营之道(例如,"ABC 部件公司认为,在向客户推销产品之前,应当先对客户进行教育"),它也可指细分市场的动态("小部件行业需要对产品和服务给予均衡的关注")。

使命宣言

阐明一个组织的宗旨和目标，以指导日常决策和绩效

愿景宣言

描述一个组织最终期望成为什么，或者它希望为之做出贡献的理想社会是什么

一个无法反驳的组织宣言可能没有多大意义

组织宣言反映了一个组织的理念。在起草和评估一个拟议的宣言时,应看一看它的反面是否明显不可接受。如果是这样的话,那么这个宣言可能没说什么特别有意义的话。例如,一所大专院校的使命宣言称,该院校"寻求培养有效的、有生产力的公民",则它不太可能对员工或学生产生任何真正的影响,因为没有任何机构寻求培养无效的、无生产力的公民。

一个有意义的宣言应明确主张某些具体内容,确定优先事项,排除一些可能性,并描述该组织所做的一些同行可能不会做的事情。例如:"我们专门针对本地雇主的需求,提供为期一年和两年的技术密集型课程。在可能的情况下,我们为转入四年制院校的学生提供核心学术指导。"

实物资产

有形的、可测量的资产，例如现金、房地产、设备、存货等

象征性资产

较为无形和抽象的资产，例如社会关系、品牌商誉、行业影响力等

人就是资本

智力资本是对组织有用的，有关技术、材料、流程和市场的专有信息和内部知识。

人力资本包括员工的才能、技能和知识。

社会资本和文化资本是指公司内部和外部既定的人际关系，这种关系可以创造和维护价值。

品牌资产是某个品牌名称为同等价值的商品或服务所带来的额外价值，使公司能够收取更高的价格。

机构记忆是组织中随时间推移而发展出的未被记录的集体知识、技术、工具、价值观、优先事项等。只要离职员工与新入职员工之间保持足够的传承关系，那么一旦某个（或某些）员工形成这种记忆，它就会一直留存下去。

- 会计与金融
- 客户服务
- 人力资源
- 信息技术
- 市场营销
- 运营
- 生产
- 采购
- 研发
- 销售

12

"一人企业"也有多个部门

许多企业需要关注的问题和担负的责任都很相似,因此它们设置了类似的部门。大型企业的一个部门可能有数百或数千名员工;在独资企业中,一个部门的工作可能表现为云端的一个文件夹和每月几个小时的工作量。

尊重部门的普遍性对于创办企业和促进发展至关重要。使标准和实践易于理解和掌握,将有助于员工的最终雇用。哪怕只是遵照通用而非特殊的标准来命名和排列计算机里的文件夹和文件,也会有助于企业更自然地成长。

A 部门　　　　　　　　　　B 部门

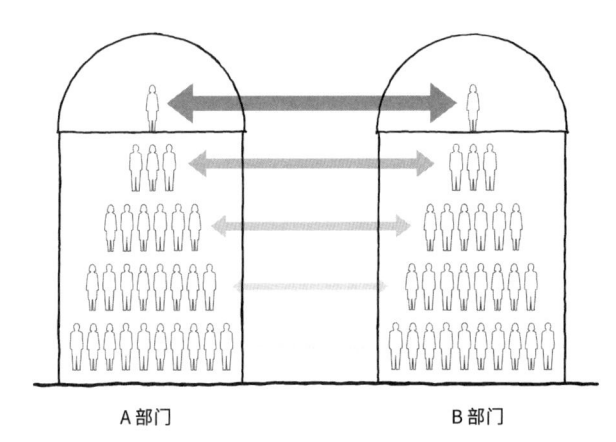

13

职能条块分割可能导致组织运转失灵

商业涵盖的许多专业领域往往被独立地加以组织和研究。从知识和管理角度来看，这种分割提供了清晰性，但不同的职能条块分割从本质上说并非泾渭分明，因为许多业务活动必须跨部门执行。某个部门及其员工的行为总是会影响到其他部门乃至整个组织。员工在一个组织中某一职能条块内的职务越高，就越需要了解其他职能条块中人员的活动，并与之互动。

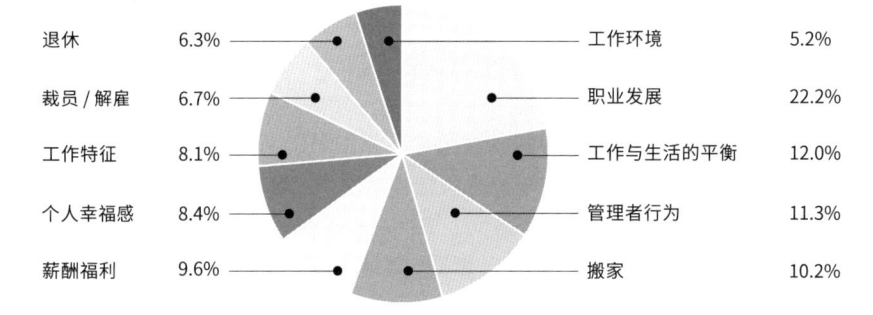

退休	6.3%		工作环境	5.2%
裁员/解雇	6.7%		职业发展	22.2%
工作特征	8.1%		工作与生活的平衡	12.0%
个人幸福感	8.4%		管理者行为	11.3%
薪酬福利	9.6%		搬家	10.2%

员工辞职的原因

资料来源：职场研究所（Work Institute），2018 年

人尽其用比招人更重要

　　一个高绩效的组织不仅招聘和雇用员工,还会积极引导员工适应组织的文化和目标,并将他们从局外人变成自己人。它会为新员工提供入职培训,帮助他们顺利开始工作,并持续为员工提供培训,帮助他们不断进步。它认识到,为员工提供在公司内部晋升的机会意味着他们不必为了获得晋升而离职,企业也不必重新启动招聘流程。

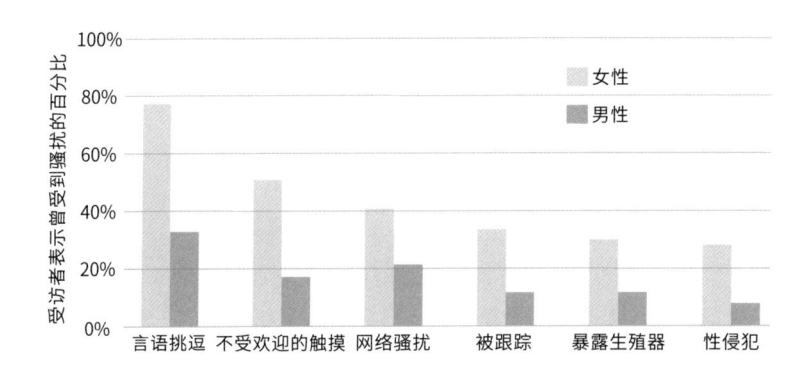

工作场所骚扰

资料来源:"停止街头骚扰"组织(Stop Street Harassment),2018 年

15

商业中最困难、最耗时的问题并不是商业问题

  商业努力往往因人为因素而变得复杂,包括:误解、旷工、私心、个性冲突、在上班时间处理私事等等。明智的管理者可以发现并最大限度地减少工作环境中导致人际问题的根本因素,承认已经发生的问题,并着手解决。管理者作为其他人的楷模,知道自己的行为会给部门或整个组织定下基调。

16

如果你在思考时粗枝大叶，你的生意就会稀松平常。如果你没有条理，你的生意就会如一团乱麻。如果你很贪婪，你的员工也会很贪婪，越来越不甘于奉献，只是一味索取。

——迈克尔·格伯，商业顾问、作家

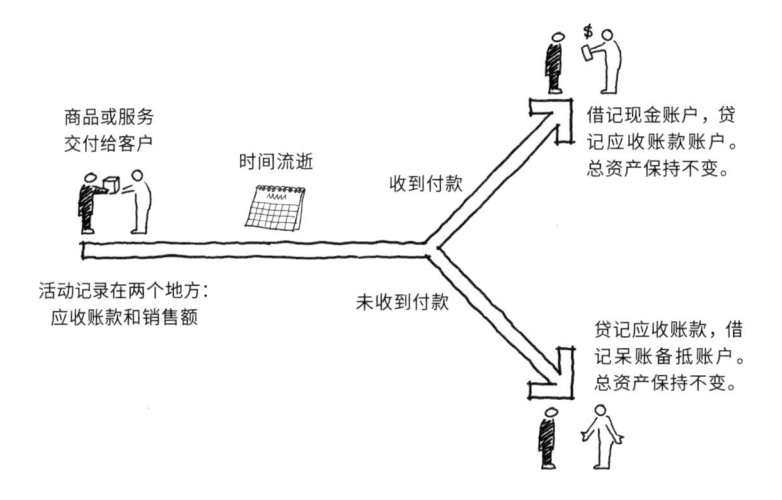

权责发生制会计

收付实现制会计与权责发生制会计

收付实现制会计显示收到或支付款项时的收入和支出。它在小型企业（比如独资企业）中的应用效果最好。

权责发生制会计更为复杂，但它充分照顾到购买行为和资金易手之间经常存在的滞后，从而在任何给定时间提供了公司财务状况的清晰快照。每笔交易都记录在总账的两个地方，一个账户的借方或贷方分录被另一个账户的贷方或借方分录抵消。

如果一家使用收付实现制会计方法的企业收到了一笔公用事业账单，它会在实际支付账单时记录费用。在权责发生制会计中，账单一经收到，就会作为债务记录在应付账款中。当账单实际支付时，公司分别在应付账款和现金账户中记录会计分录。

权责发生制会计要求在获得最终数据之前对一些分录（如呆账）进行预估。

借记

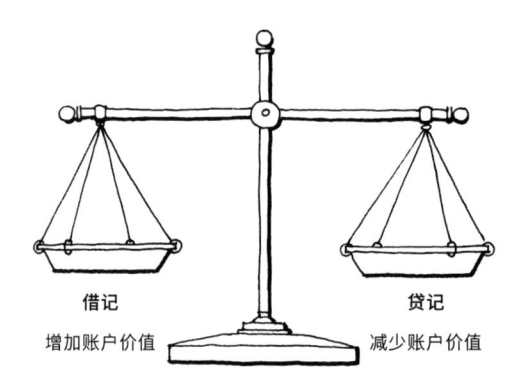

增加账户价值

贷记

减少账户价值

为什么借记和贷记令人困惑

账户的减少记贷方，账户的增加记借方。对于非会计人员而言，这些术语的意思似乎与它们应该表达的意思正好相反。例如，当我们在银行存款时，银行对账单显示我们的账户已被记入贷方；因此，贷记似乎表示资产增加，而借记则表示负债或资产减少。

我们之所以感到困惑，是因为我们是从银行客户的视角看待这一点的，而银行对账单则是从自身角度，而不是从我们的角度记录的。你银行对账单上的贷记意味着银行欠你钱。在银行的账簿中，贷记意味着减少。

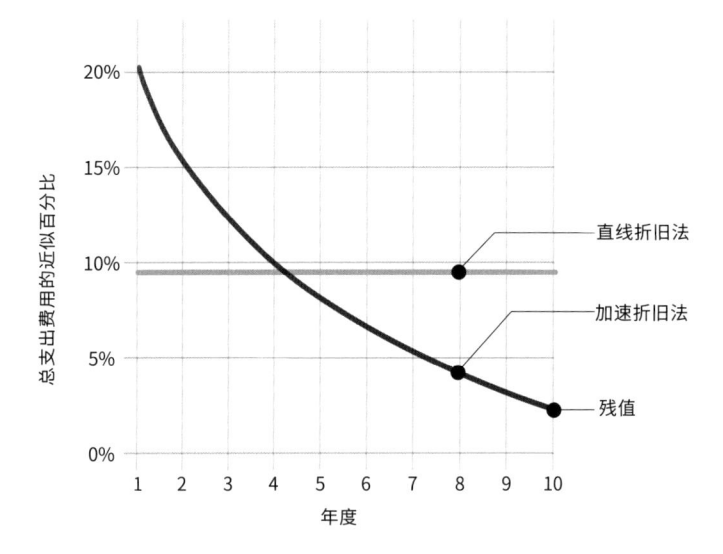

10 年折旧

折旧使会计核算更复杂，也更准确。

　　会计的**匹配原则**要求任何费用都要与其可帮助企业赚取收入的时期相匹配。由于长期资产有助于公司多年盈利，因此其费用必须通过**折旧**在这一时期内分摊。

　　如果没有折旧，一个组织的财务状况就会被曲解：一台预期寿命为 25 年的设备的全部成本将在购买当年支出。这可能会使该公司在当年看起来非常无利可图，而在随后的几年里实现过度盈利。

　　直线折旧法会将总成本平均分摊到各年，而采用加速折旧法，则会在初期分摊较高比例的成本，因为在此时，这项资产可能更有用，且维护成本较低。短期资产会被计入费用，而不是进行折旧，即其全部价值会在购买当年从收入中扣除。

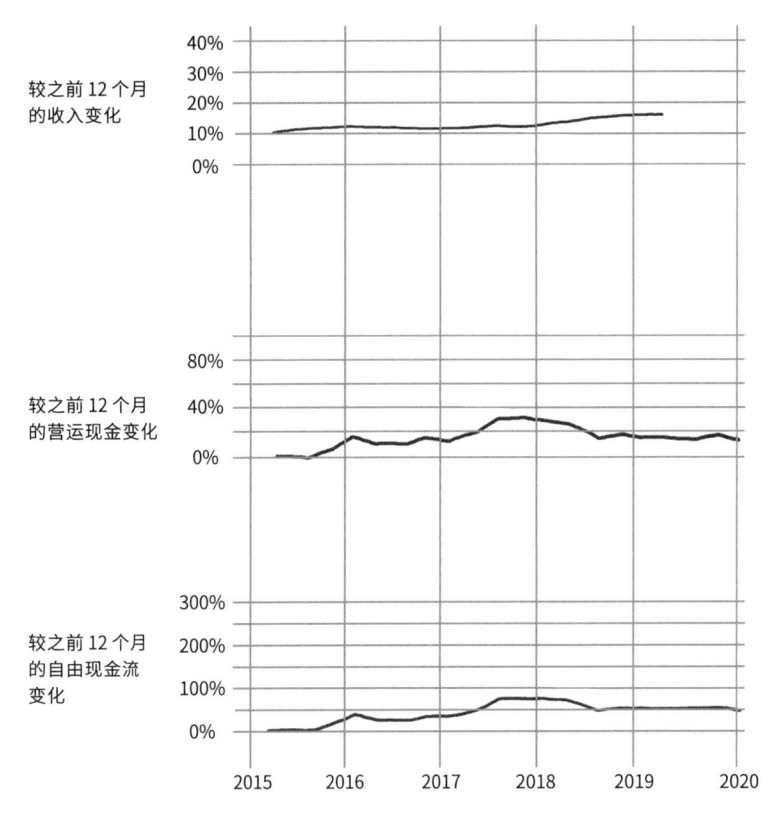

沃尔玛公司业绩表现，2015—2020 年
资料来源：www.fool.com

使用多份会计报告来衡量业绩

一个时期的会计报告虽然有用,但其反映的是静态业绩。回顾几份连续的报告可以揭示趋势,并表明企业的状况是在改善还是恶化。此外,它还有助于将一个组织与同行业的其他组织进行比较。标准会计报告包括:

利润表(也称为损益表):显示一段时间(如一个季度或一年)内的业绩表现。该报表的最后一行,即"底线",显示净利润或净亏损。

现金流量表:显示资金的来源和去向,例如资产购买或出售,以及新的借款和债务偿还等融资活动。

资产负债表:显示一家公司拥有什么(资产),欠他人什么(负债),以及所有者权益情况(所有者投资的金额加上公司内部的损益)。

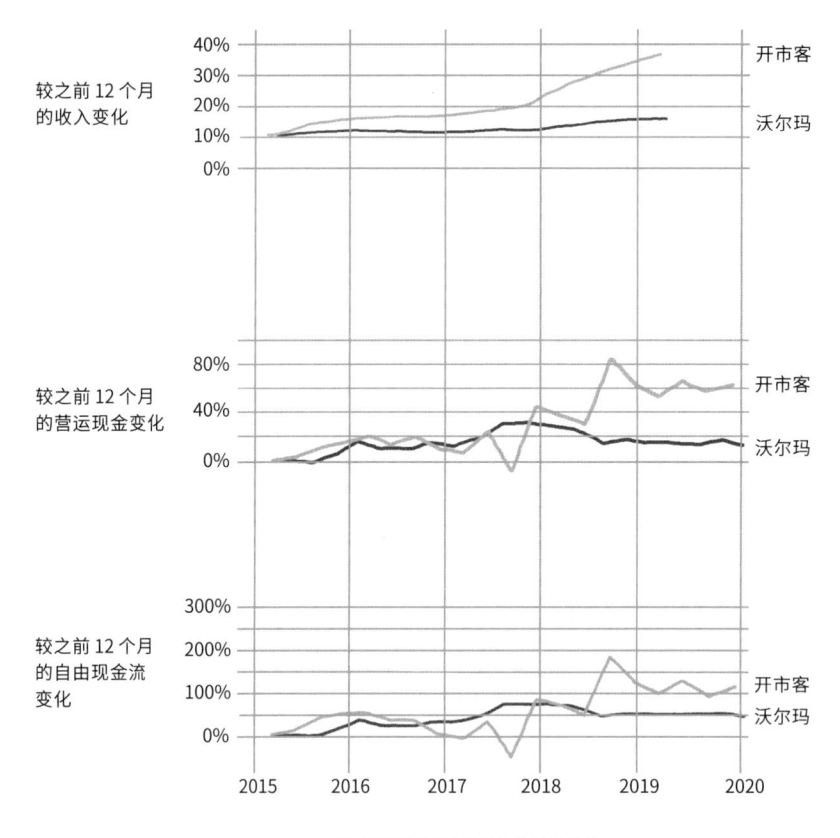

沃尔玛和开市客的业绩比较
资料来源：www.fool.com

财务比率

财务比率揭示了一段时间内的业绩（**纵向分析**）或与竞争对手的比较（**横截面分析**）。

杠杆率通过比较债务与股权或债务与资产来衡量组织的财务风险。债务比例越低，风险越小，尽管一家业务稳定，拥有可预测收入的企业可以安全地拥有更高的杠杆率。

流动比率将短期资产与短期负债进行比较。比率高表明企业有很强的偿债能力，但比率非常高则可能表明企业的资产配置效率低下；例如，企业手头的一些钱用于投资可能更好。

营业比率显示企业日常活动的效率，例如商品销售成本与销售额的比率，或净利润与毛利润的比率。

盈利能力比率衡量企业产生利润的能力，包括利润率、资产收益率和净值收益率。

偿债能力比率通过比较短期债务与总债务和利息支出覆盖率来衡量偿还长期债务的能力。

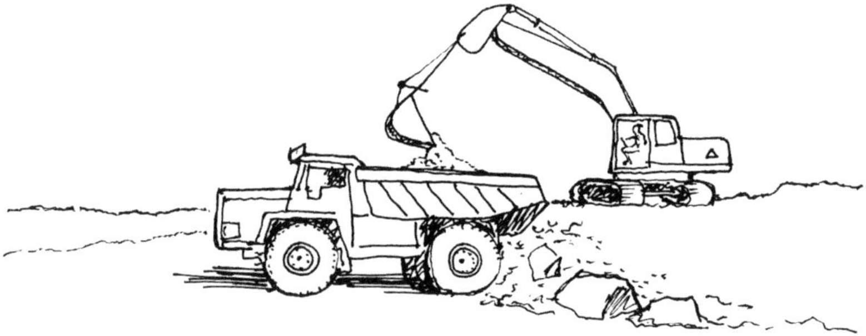

22

材料是免费的,真正花钱的是其他一切。

  企业成本可以大致划分为**材料成本**和**人力成本**,但材料成本中实际包含了人力成本。例如,在零售渠道购买的商品的价格包含了以前所有的成本,如人工、利润、许可证、运输、关税等等。如果追溯一种产品的物理起源,如埋在地下的原材料,那么材料成本在理论上就消失了。

企业总成本 | 高

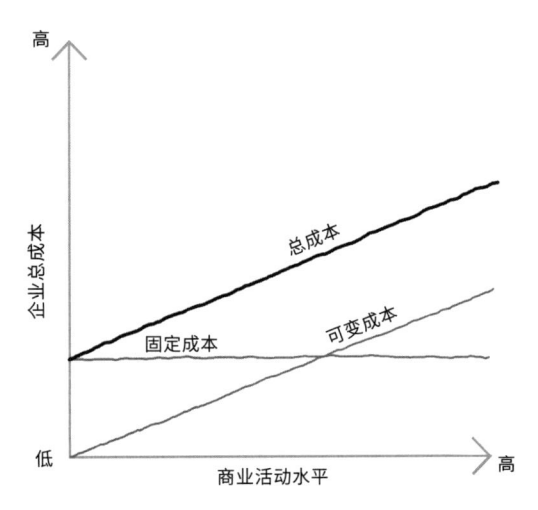

总成本

固定成本　可变成本

低 — 商业活动水平 — 高

从短期来看，有些成本是固定的，有些成本是可变的；从长期来看，所有成本都是可变的。

企业的**固定成本**是不变的，与其商业活动水平无关。例如，无论一个晚上有一位客人还是有十位客人登记入住，酒店都会向前台接待员支付相同的工资。其他固定成本包括折旧、保险、抵押贷款还款和租金。

可变成本取决于商业活动水平。例如，清洗床单的费用取决于酒店有客人入住的房间数量。

但从长期来看，固定成本和可变成本都会随着时间的推移而变化。酒店客人数量的永久性增加可能会导致雇用更多的前台接待员，从长期来看，这使得人员配置成为一种可变成本。如果建造更多的酒店房间，抵押贷款还款额将增加到一个新的固定成本水平。

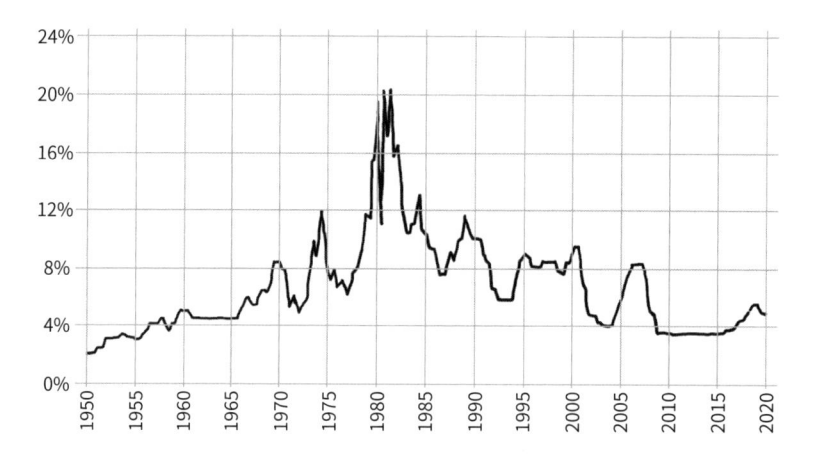

美国平均最优惠利率

利率有三个组成部分

实际利率是理论上贷款人在无通胀环境中提供一笔无风险贷款所要求获得的补偿。它所补偿的是贷款人推迟使用这笔钱的行为。

通货膨胀溢价被加到实际利率之上,这样本金(贷款的原始金额)在得到偿还时,将具有与贷款发放时相同的购买力。

增加**风险溢价**是为了补偿贷款人的本金可能无法得到偿还的可能性。对于贷款人来说信誉最好的客户的风险溢价最低,因此他们能够以最低的总利率(即贷款人的**最优惠利率**)借款。

贷款人也可能要求借款人支付**点数**(points),即在贷款时收取的一笔费用,以支付管理成本或获得较低的利率。

年利率（APR）	1%	2%	3%	4%	5%	6%	7%	8%	9%
投资翻倍所需的大概年数	72	36	24	18	14.4	12	10.3	9	8

25

72 法则

当利率已知时，要估计投资翻倍所需的年数，可以用72除以利率。例如，一笔年回报率为9%的投资将在大约8年（72÷9）后翻一番。当投资翻倍的时间已知时，该公式也可以反过来计算利率，或者计算通货膨胀导致的货币价值减半所需年数。例如，在年通货膨胀率为4%的情况下，1美元的购买力将在18年后减少一半（72÷4）。

使用69或70可以得到更高的精确度，但72更方便，因为它有更多的除数。

货币政策

美国联邦储备系统

财政政策

行政和立法部门

美国政府拥有两大工具来影响商业活动的水平

货币政策是美国联邦储备系统的职权范围,即美国的中央银行体制。美联储拥有影响短期利率和货币供应的能力。降低利率和/或增加货币供应量的政策可降低企业借贷和扩张的成本,但可能会加剧通货膨胀;反之亦然。

财政政策是行政和立法部门的职权范围。它指的是税收和支出的比率、类型、金额和分配。财政政策调节所需的时间比货币政策更长。

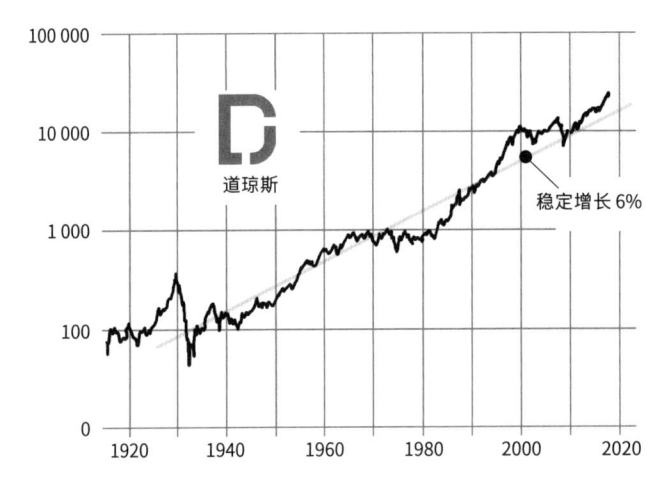

经通胀调整后的道琼斯工业平均指数

股票价格是经济和情绪的反映

　　股票价格的基础是股票发行企业的经济价值。但价值的确定总是包含主观因素，从个人偏见到对未来收入或债务并不完美的估计，这意味着抛开情绪成分就无法确定经济价值。最终，一股股票的售价是买方愿意支付给卖方的价格，而这种价格是基于双方对公司未来的预期。

　　虽然主观因素可能会在短期内导致单只股票甚至股市的价值出现波动，但从长远来看，股市的整体表现往往是稳定和可预测的。

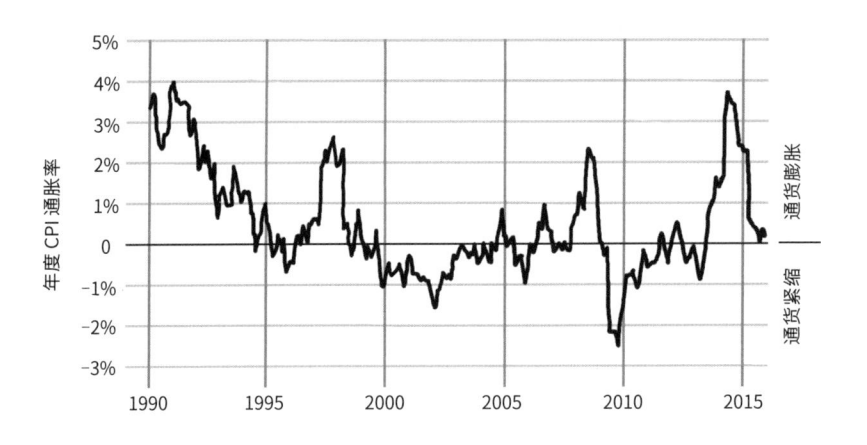

日本消费价格指数（CPI）
资料来源：日本统计局

通货紧缩对商业而言可能是一件坏事

通货膨胀是指货币的价值逐渐下降。物价和工资缓慢上涨是一种正常的经济状态。适度的通货膨胀有助于刺激商业活动,因为价格在明天将会上涨的威胁可能会鼓励人们在今天购买和投资。

通货紧缩增加了货币的价值,因此看上去可能是件好事。但当这种情况广泛发生时,对企业而言可能是危险的,因为它可能会导致企业和客户推迟日常投资和采购,因为他们预计明天的价格将更加优惠。这可能导致经济增长放缓,从而进一步压低价格,抑制商业活动。随着企业收入和利润的下降,负担现有的固定成本(比如偿还债务)将变得更加困难。

对特定行业或细分市场而言,由于生产率提高而导致的通货紧缩不一定意味着问题,因为在这种情况下,该领域的所有企业都受到了类似的影响。

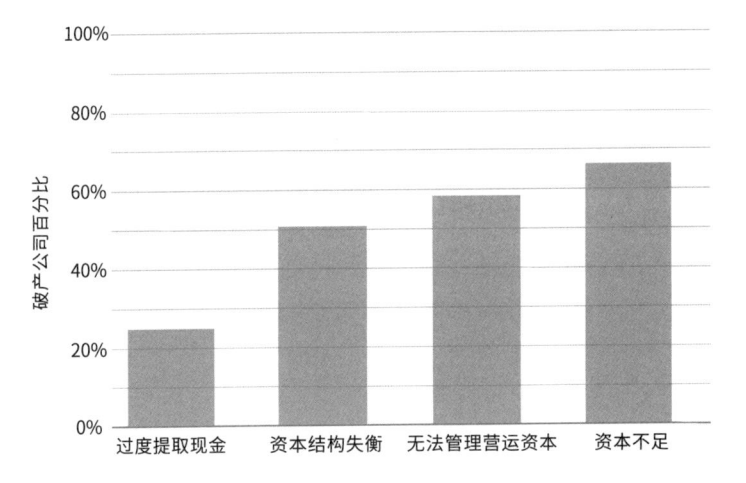

导致新兴企业破产的财务管理问题
资料来源：Oilfieldpulse.com

一家盈利的公司可能长期缺乏现金

　　企业通常先进行销售，然后才收到客户的付款，而与销售相关的成本，如材料、人工、佣金和管理费用等，都需要预先承担。因此，在收到付款之前，企业可能会缺乏现金。一家发展迅速、销售额迅速增长的新公司可能会长期缺乏现金，因为企业增加的成本（雇用和培训新员工、购买新设施和设备、为不断增加的库存筹措资金等）永远会超过以前较小的销售额所带来的现金收入。

　　获得和维持充足的资金至关重要，对于一家新企业而言更是如此。借贷会带来资金成本，但另一种选择更糟糕：资金不足是导致企业失败的最常见原因之一。它会拖垮一个原本健康的组织。

《美国破产法》第 7 章	《美国破产法》第 9 章	《美国破产法》第 11 章	《美国破产法》第 12 章	《美国破产法》第 13 章	《美国破产法》第 15 章
企业	地方政府	企业	家庭农场主和渔民	个人	国外企业

清算   **重组**

破产并不总是意味着停业

《美国破产法》第 7 章规定，当一家企业的资产、收入或市场不足以偿还债务，并且不太可能发展出偿还债务的能力时，就会援引破产法。这会导致公司解散，其资产被清算（出售），所得款项用于支付拖欠的税款、工资，偿还债权人。如果有剩余现金，将支付给股东。

《美国破产法》第 11 章规定，如果一家公司的现金不足以偿还当前债务，但资产、市场或其他盈利指标健康，则该公司将进行财务重组，并继续经营。

大多数破产是自愿的，是由债务人发起的。但是，债权人也可以向债务人提出破产申请。被债权人强制进入《美国破产法》第 7 章破产流程的公司，可以依据《美国破产法》第 11 章提出申请，防止破产清算。

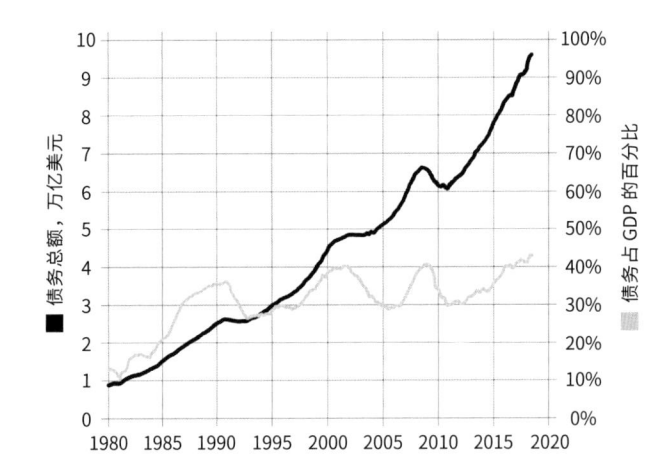

美国公司的债务

资料来源：圣路易斯联储

为何购买债务？

"购买债务"有点用词不当：购买债务的人实际上并没有最终背负更多的债务。相反，他或她获得了向借款人收取欠款的权利。私人公民和企业欠银行、金融机构、公用事业公司、医疗保健提供者和其他企业的债务有时可以以极低的价格购买。收回债务的可能性越小，债务的价格就越低。

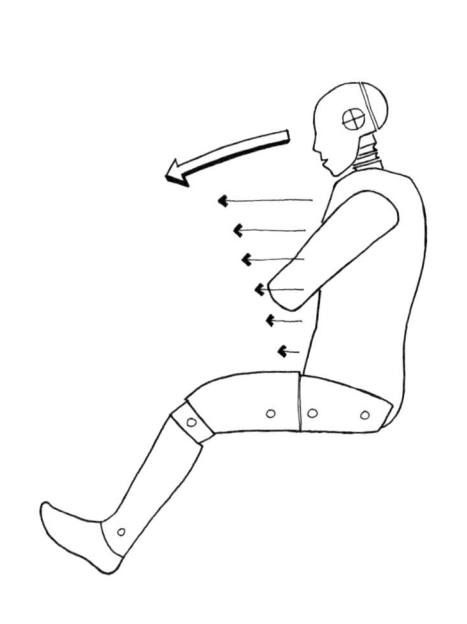

那些认为理论"只是纸上谈兵"的人并不明白理论为何物

32

理论可以解释真实的现象。它将各种各样的信息组织成通用的模式，确定事情发生的潜在原因，并揭示我们已知和并不确切知道之事的更深层次的本质。理论有助于将知识从一个企业转移到另一个企业，并提示新发生情况和未来情况的可能结果。

对那些反对理论的人来说，只要他们熟悉的参数一直保持不变，就可能在商业上欣欣向荣，而那些拥抱理论的人更有可能寻找和适应新的情况，并从中受益。

33

世间万物,最实用的便是一个好理论。

——库尔特·勒温(1890—1947),心理学家

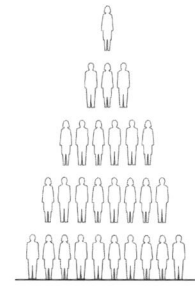

高耸式组织

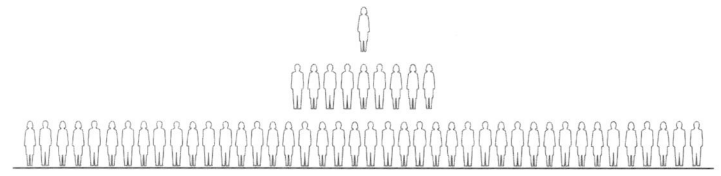

扁平化组织

管理跨度

34

管理跨度是指向某一个人直接汇报的员工数量。一个部门或组织的理想跨度取决于管理者和员工的能力、所做工作的性质以及任务的相似性或差异性。制造业等高度重复的过程可能会有很大的跨度,而建筑和电影制作等创意企业可能只有几个人的跨度。

对于大多数企业来说,管理跨度的良好起始范围为6~8。例如,当独资企业扩张时,企业主通常会发现,在员工数量达到6~8名后,有必要建立一个新的正式管理层;在员工数量达到36~64名时,再建立另一个管理层;等等。

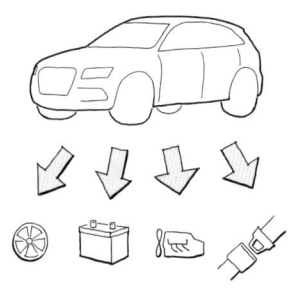

自上而下

制造商就零部件的设计和生产向供应商发号施令

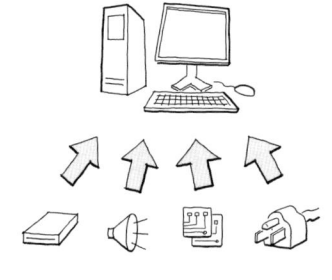

自下而上

发明者、制造商和供应商创造组件,其他人将其组装成更大的产品

自上而下适合已知事物，自下而上适合新生事物。

自上而下的管理基于权威。信息和流程源自较高级别的管理层，并受其控制。如果一家公司的产品或服务与以前成功的产品或服务相似，或是高层管理人员拥有较低级别员工所不具备的专业知识或资源，又或是缺乏经验的员工犯错误的成本过高时，这种管理模式效果最好。自上而下的管理可以是可预测和高效的，但它也可能被过时的做法束缚。

在**自下而上的系统**中，信息和流程起源于较低层级，通常是以一种开放和临时性的方式。这种模式在相对较新的行业，或是在较低级别员工拥有独特的专业知识或资源，以及在犯错误成本不高的情况下，能够发挥很好的效果。自下而上的系统通常会产生自上而下的模式无法产生的替代方案，但它可能是混乱和低效的。

在自上而下和自下而上的系统中，流动仍然可以双向发生。例如，在自上而下的系统中，精明的一线销售人员可能会获得具有战略意义的有用知识，如需求趋势和竞争对手做法，或是发现改进产品、开发新产品和价格调整的机会。

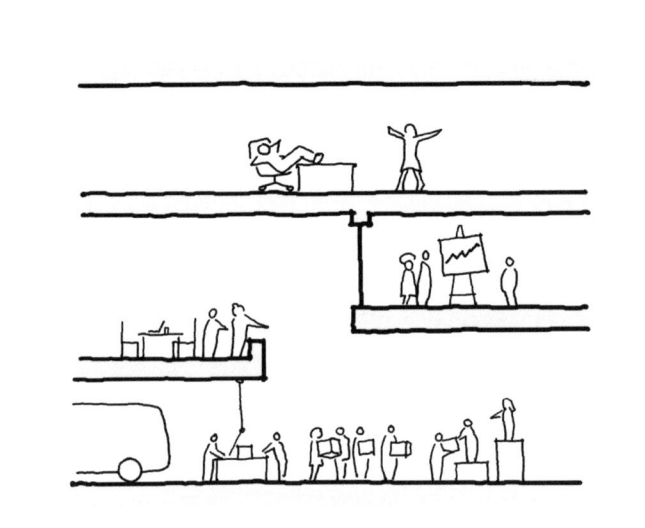

一个人在组织中的职务越高,就越要成为一个多面手。

36

在一个组织的较低层次,员工通常对特定活动有直接的了解。例如,负责生产的员工知道如何处理材料、组装产品、测试性能以及解决非常具体的问题。然而,他们可能对公司的其他活动知之甚少。

管理者通常缺乏上面那些特定的知识和技能,但对人员、培训、激励方法、评估、产品分销、薪酬和预算有普遍的理解。一位公司副总裁会在公司的更多领域从事更广泛的活动,包括长期规划、产品开发、融资和战略方向等。在最高管理层,高管和董事会成员关注的可能是公司的经营理念、组织的使命,以及公司品牌在市场上的意义。

所有人都赞成蓝色的？ 把它做成蓝色。 把它做成蓝色。 把它做成蓝色。 材料不是蓝色的。

一个人在组织中的级别越高，执行一项决策所需的时间就越长。

一线经理可以通过直接指导员工来实现即时的改变：销售经理可以心血来潮地调整销售人员的活动方向，会计经理可以立即改变簿记实践。

但在组织的更高层，员工更关注战略问题，决策也需要更长时间来执行。如果营销副总裁希望改变产品的风格，将需要相当长的时间来进行可行性研究，探索设计替代方案，调查技术考虑因素，并改变制造方法。

命令、共识还是协商?

命令型决策是传统的自上而下、层级分明的模式。当流程或产品与先例相似,且管理层拥有较低级别员工所不具备的知识和经验时,这种模式最有效。它非常高效,但可能会在需要新方法时过度依赖旧方法。此外,在一个大型且高度层级化的组织中,高层管理人员的命令型决策似乎与较低级别员工无关。

共识或民主决策是由最直接受决策影响的大多数人做出的。这种模式的价值在于,它们确保决策过程兼听则明,可以听取本来无法被听到的意见。然而,一线员工可能缺乏高层管理人员的战略眼光,无法根据不断变化的市场状况做出决策。

协商型决策融合了前面两种模式。这是一种基于权威的模式,管理者在做出决策之前会征求受影响者的意见。它的价值在于既可以听取不同的声音,又可以做出由一方负责的明确的最终决定。

管理者可能会使用所有这三种风格的决策模式,并根据实际情况从一种风格切换到另一种风格。

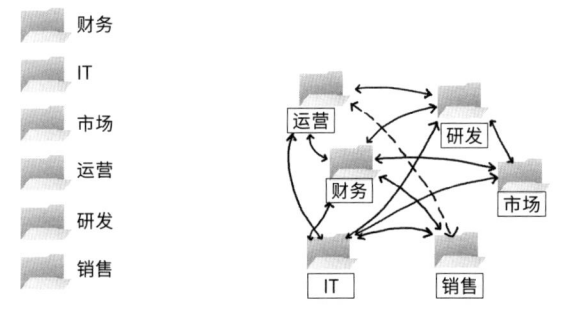

与特定主题有关的

传统意义上的"才智",通常是在一个公认的领域内

与情境有关的

跨领域工作的技能,或是在专家和外行之间建立联系的技能

与政治 / 社会有关的

了解人们的情况,解决影响"纯"商业问题的人的问题

三种类型的专业知识

专家并不总是知道得最多的人

39

　　专家知识渊博,但在通常情况下,知道如何组织和构建知识,并将其用于特定情境,比简单地掌握知识更有益。创新思考者不仅能记住和检索到大量信息,通常还会识别并创造新的模式和联系,从而重新定位或重新构建他人的知识。

左脑

理性的、分析性的
线性的
直接聚焦的
客观观察

右脑

直觉的
整体的
间接意识的
沉浸式体验

我们知道的比我们以为自己知道的要多

40

你正在骑自行车,它开始向左倾斜。你应该向哪个方向转动车把,以保持平衡?

在调查中,大多数人的回答是"向右",但正确的答案是"向左"。而事实上,在骑自行车时,几乎每个人都会凭直觉正确地将车把向左转。

这种差异的存在是因为我们的潜意识和直觉意识到了大脑中所没有意识到的情况。很多时候,一个人必须真正行动起来,才能知道该做什么。成功的商人往往必须快速做出决定,并且必须学会何时信任,何时不信任他们的理性判断和直觉判断。

如果所有选项看上去难分高下，那就获取更多信息。

如果在权衡一个重要决定时感到难以决断，那么寻找有关这件事任何方面的新的、客观的信息几乎总是会有帮助，即使最初的努力或获得的信息似乎并没有什么价值。哪怕是关于市场、客户或技术的最普通的新数据，如果认真研究，也会引发多方面的新洞见，从而帮助你做出更明智的决定。

然而，切记不要寻找借口拖延做出一个艰难的决定。有时候，决策确实需要更多数据，但我们往往不得不在信息不全的情况下做出决定。

		预计成功概率	总机会价值	减去准备提案的成本	净机会价值
一家公司在开展新业务时面临三个选择	选择 A 合同价值：25 万美元	1/4 (25%) 与三家同类公司竞争	25 万美元 × 25% = **6.25 万美元**	−5 000 美元	**5.75 万美元**
	选择 B 合同价值：10 万美元	2/3 (66.7%) 与其之前曾击败过的一家公司竞争	10 万美元 × 66.7% = **6.666 7 万美元**	−5 000 美元	**6.166 7 万美元**
	选择 C 合同价值：200 万美元	1/20 (5%) 不熟悉的市场；竞争激烈	200 万美元 × 5% = **10 万美元**	−1 万美元	**9 万美元**

对变量加以量化

决策树可以帮助我们比较各种行动方案的可能结果。它有助于平衡主观考虑和各种猜测,从而防止做出基于直觉或情绪的决定。例如,一个曾在开拓特定市场或客户的业务中遭遇过失败的商人可能会害怕再次拓展该市场或客户的业务;决策树可能有助于揭示这种担心是否合理。

除非变量和概率完全是机械或理性的,否则决策树不可能完全客观。如果不同选项在概率或价值上存在很大差异,决策树的用途也可能有限。例如,对许多人来说,有 100% 的概率获得 1 000 美元可能比有 1% 的概率获得 10 万美元更有吸引力,尽管这两个的最终结果在数学上是相等的。

满足者

- 做出足够好的决定
- 不过度纠结于不同选择
- 做出决定后很快放下
- 对结果更满意

最大化者

- 努力做出完美的决定
- 详尽考虑各种选择
- 事后进行自我批判
- 更容易后悔所做的决定

决定是过程的开始,而不是结束。

在现实中,人们很少能够收集完美的数据来支持做出悬而未决的决定。即使确实存在完美的信息,其潜在的好处也可能被整理它所需的时间、精力和费用所抵消。一位好的管理者知道:

- 何时做出可行的决定,何时尝试做出完美的决定
- 何时接受之前的错误决定,何时纠正之前的错误决定
- 一个决定在执行过程中往往会变成正确的决定,而如果没有得到适当的跟进,一个正确的决定也可能会变成错误的决定
- 对一位管理者做出正确评价应看其长期表现,即使最好的决策者也会犯错
- 为时已晚或没有做出决定几乎总是比糟糕的决定还要糟糕

不做决定就是一种决定。

44

——哈维·考克斯,神学家

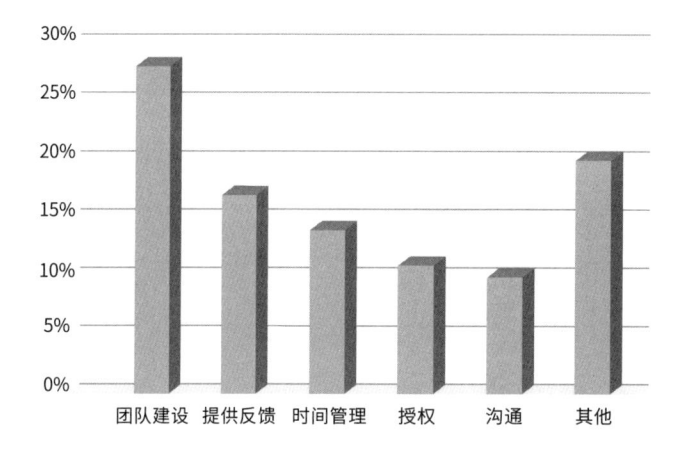

类别	百分比
团队建设	27%
提供反馈	16%
时间管理	13%
授权	10%
沟通	9%
其他	19%

你的经理最缺乏什么技能？

资料来源:《2019 年人力管理报告》，predictiveindex.com

管理者的业绩是通过他人的业绩来衡量的

在业务的某一方面表现出色的员工通常会被提升到主管的职位。这往往是一个错误，因为成为一名经理所需的技能可能与他（她）的能力或兴趣无关。例如，一位被提升为实验室主管的顶级实验室研究人员必须训练、指导、管理和帮助其他研究人员做出研究发现。如果这位管理者并不擅长这些新职责，问题就会变得更加复杂：不仅这个部门管理不善，而且将失去能做出研究发现的最优秀的研究人员。

管理是一个专业领域，在许多方面与所管理的活动有所不同。在非常大的组织中，高层管理人员往往并不具备其负责领域的专业知识，但他们能够营造环境，让下属茁壮成长。

有关良好管理的两种观点

优秀的管理者善于授权。他们自上而下地思考,并贯彻落实。他们着眼于大局,放手让下属来实现管理者的愿景,决定后勤事务,解决日常问题,琢磨细节问题。

优秀的管理者为他们的下属工作。他们可能高瞻远瞩,但会自下而上地落实想法。他们认为自己的基本职责是积极为员工提供支持。在一线工作中的问题出现之时(甚至在问题出现之前),他们能及时发现这些问题,并加以应对。

告诉别人你想要的结果,而不一定是如何实现它。

微观管理可能意味着对细枝末节的过度管理,但也可能意味着对中间环节的过度管理。许多优秀的管理者所关注的是天平的两端,即:

- **确定并传达最具普遍指导意义的价值观**。例如:达成社区共识;将功能性置于美观之上;确保产品使用起来充满乐趣。
- **确定并传达最具体的结果**。例如:产品不能是橙色的;它必须在半小时内充完电,重量不超过 369 克,电源开关在前面;所有设计工作必须在 9 个月内完成。

然后,管理者会让员工以他们认为合适的方式参与中间环节的工作。事无巨细地告诉别人应如何完成工作会阻碍他们的生产力,限制他们的学习,并剥夺他们的主动性。应该给予员工自由,让他们按照自己的意愿塑造自己的工作,鼓励他们发挥创造力,并全身心地投入工作中。

量级	**效价**	**期望**
奖励的大小	奖励的价值	获得奖励的可能性

外在激励的组成部分

大多数员工都想把工作做好

外在动机源于对外界反应的预期,包括赞美、认可、金钱(积极的激励因素)或惩罚(消极的激励因素)。积极的激励因素可以让员工期望单纯因完成工作而获得额外的奖励,而消极的激励因素固然可能有助于完成任务,但长期来看可能会带来不利影响。

内在动机来自员工内在的使命感、对工作的享受程度以及做好工作带来的满足感。通过设计最适合员工的工作,以吸引人的方式整合任务,扩大职责,让员工对自己的职责有更多的控制权,可以进一步增强内在动机。

在某些时候,你必须放手,并相信你的员工。通过给予信任,你播下了信任的种子。我坚信,授权始于信任他人,其次才是放手。

49

——大卫·斯图尔特,
全球技术公司董事长兼创始人

市场营销

任何将一个企业与客户联系起来或试图将二者联系起来的活动

品牌化

在客户和公众心中塑造企业的"感性"印象

广告

通过大众媒体向潜在客户和现有客户传达商业信息

宣传

通过"客观"的报道对企业或其活动进行广而告之

促销

一种短期、集中的活动，旨在引发人们对业务或产品的关注

在你业务繁忙的时候做营销

50

　　培育一个新的潜在客户并最终将其发展成为生意伙伴，可能需要数年时间。如果你等到业务放缓后才开始做营销，可能为时已晚，无法帮助你度过经济低迷期。

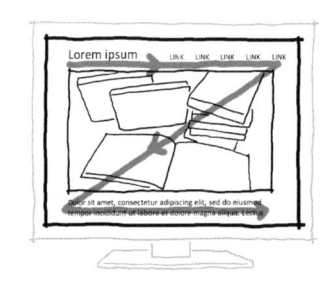

大多数网页使用的 Z 样式

浏览者先阅读页面顶部，然后向斜下方迅速浏览，以获得要点

文本密集型网页使用的 F 样式

浏览者先阅读页面顶部，然后沿左侧垂直向下浏览，以确定其他感兴趣的内容

不要把网站的设计工作交给 IT 部门

一个成功的品牌会在所有媒介上均以一种从视觉上吸引人、用户友好的方式呈现。网站在这方面发挥了至关重要的作用。由于建立网站需要高水平的技术执行,包括编写 HTML(超文本标记语言)代码、适配链接、调适视频和静态图像,以及不断更新内容,因此将全部工作交给技术专家似乎是合适的选择。但是,一个好网站的本质不仅仅是技术执行,还包括一系列广泛的关注点,包括公司品牌标识的投射、用户界面的心理,以及与公司其他媒介的一致性。

关注需求，而不是解决方案。

顾客不会因为需要一台复印机而购买复印机，也不会因为需要咖啡机而购买咖啡机。他们买机器是因为他们需要复印文件或喝咖啡。

客户购买产品是为了解决问题。一个好的销售人员在提供解决方案之前，首先要了解客户问题的性质和程度。一般情况下，恰当的解决方案与客户的设想大相径庭。一个好的销售人员甚至会说服客户不要做出错误的购买行为，因为从长远来看，客户会因销售人员的诚实而尊重他，并可能成为回头客。此外，以这种方式失去潜在的销售可能有助于你了解自己的产品或服务需要发展的方向。

特征　　　　　　　　　　　优点

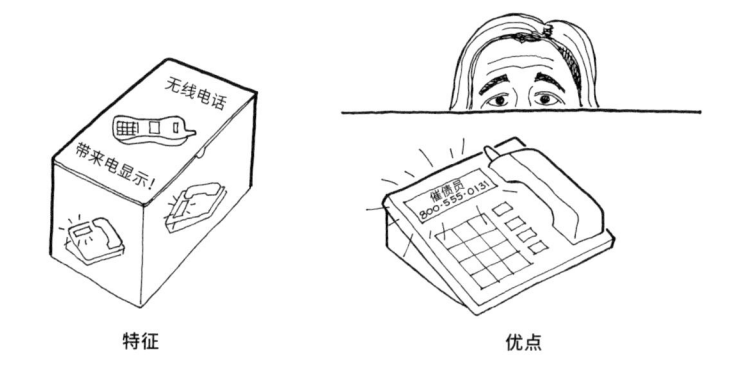

产品特征是事实，产品优点是它如何帮助客户。

向客户宣传产品的特征并不意味着他们会理解为什么这些特征有用；人们必须解释它们的直接优点。例如，呼叫转移和呼叫等待是特征；让你不会错过任何一通电话则是其优点。将产品卖出去最终依靠的是产品的优点，而不是其特征。

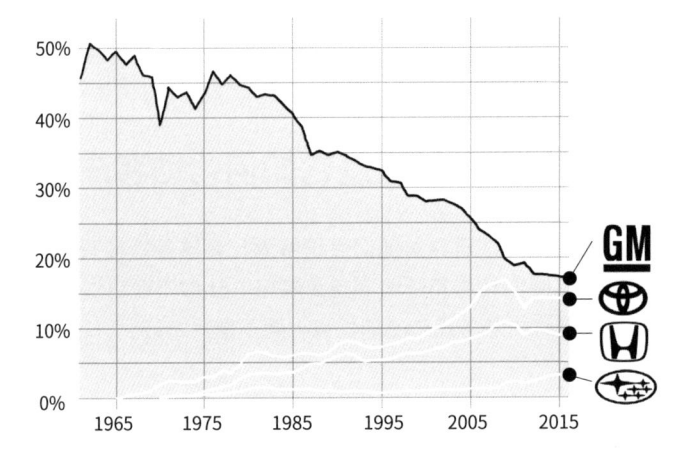

美国汽车市场份额
资料来源：knoema.com

瞄准安全的中端市场并不一定是一种安全的策略

当一个新产品类别的市场快速增长时,以适中的价格销售质量一般的产品可能是一种可行的策略。然而,随着市场逐渐成熟,客户倾向于寻找具备基本功能的低价产品,或是强调款式、质量、功能、优点和独特性的高价产品。那些继续以中等价格的产品瞄准中端市场,而没有向客户提供具体而令人信服的购买理由的品牌,通常会失去市场份额。

客户不会以相同的方式或出于相同的原因做出购买决定

市场营销专家通常会根据年龄、地域、兴趣、收入及其他类似因素对消费者进行划分。他们可能会使用所谓的 **4P 市场营销组合**来确定如何进入每个细分市场：

产品（Product）：产品的特征、风格、品种（例如蔗糖、砂糖、浅红糖等）、包装（单份装、500 克装等）以及品牌名称。

价格（Price）：标价、折扣、价格折让和付款条件。

促销（Promotion）：广告、人员推销、促销和公共关系。例如，针对年轻买家的产品可能会强调网络促销，而不是平面广告。

地点（Place）：购买场所以及将产品从制造商运到消费者处的物流；例如，产品是否只通过授权零售商或自动售货机等进行销售。

还有一些专家会使用 5P，即再加上**包装**（Packaging），或 6P，即再加上**人**（People）。

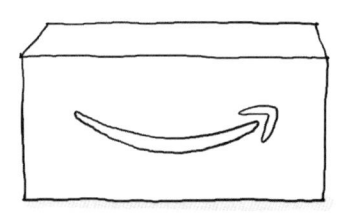

对金额超出 25 美元的订单

免运费

如果不能免费，至少便宜一点

老牌企业可能会被新兴企业的免费政策打个措手不及。例如，面对免费提供新闻内容的网站的竞争，传统报纸苦苦挣扎。在市场营销中，免费策略长期以来一直被广泛使用，例如：晚上 7 点前免费入场；买二送一；儿童在（饥饿且需付费的）成年人陪同下免费用餐。

但没有什么赠品是真正免费的，所以一定要确保赠品有助于销售你的核心产品。Adobe 免费提供其 PDF 阅读软件，但对可以创建和编辑 PDF 文档的 Acrobat 程序收费。谷歌免费提供 SketchUp 绘图程序的精简版，用户可以使用其培养基本技能，从而为高性能订阅版创造需求。

如果不能做到免费，那就试着做一些便宜的产品，这样你的次级产品就有可能成为核心产品。例如，打印机制造商通常以低于或接近成本的价格出售打印机，因为他们知道买家会不断回购补充墨盒。

力量

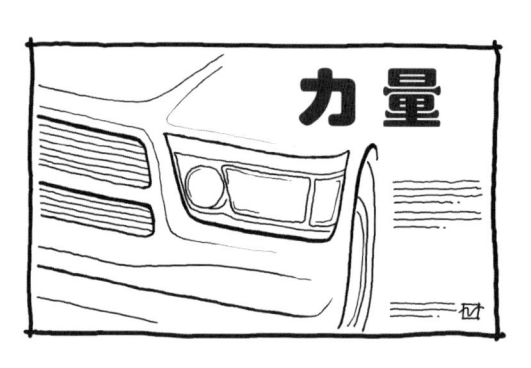

一则广告，一条信息。

在一则广告中传达过多的信息，无论这些信息多么准确或积极，都会使受众迷惑，并削弱信息。较好的做法是，告诉潜在客户一条他们可能会觉得重要的产品信息，而不是告诉他们所有可能重要的信息。此外，主打不同广告的广告活动可能会触及更广泛的受众，因为那些对一则广告不在意的人可能会对另一则广告做出积极的回应。

重复效应

记住经常性重复的内容的可能性增加

真相错觉效应

多次接触虚假信息之后，相信这些信息的可能性增加

纯粹曝光效应

倾向于接受已经反复接触到的事物

重复并不能使陈述变成事实，但它可以使陈述变得可信。

重复是一种有效的学习方式，因为它将信息灌输到我们的记忆中。即使是一个虚假的陈述，如果经常性地重复，也可能会被认为是真实的。**纯粹曝光效应**说明，为什么广告通常能有效地改变人们对产品和品牌的信念和态度，这也是广告大量使用重复的主要原因。

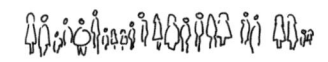

生产者

中间商

- 推广和宣传产品
- 使数量与市场需求相匹配
- 协商价格和条款
- 存储、运输库存产品及筹措资金
- 承担被盗、损坏和过时的风险

消费者

零售商和批发商有存在的必要吗？

如果所有产品都由生产者直接卖给消费者，绕过分销商、批发商和零售商的加价，对每个人来说难道不是更好吗？

事实并非如此。举个例子，如果口香糖不是通过中间商进行销售，那么制造商就不得不向每个想要买口香糖的人单独出售一包口香糖。据估计，每年售出的口香糖数量有近 4 000 亿条。按每包 10 条口香糖的包装，制造商将不得不单独销售 400 亿包——这是一项不可能完成的任务！

■ 产品流

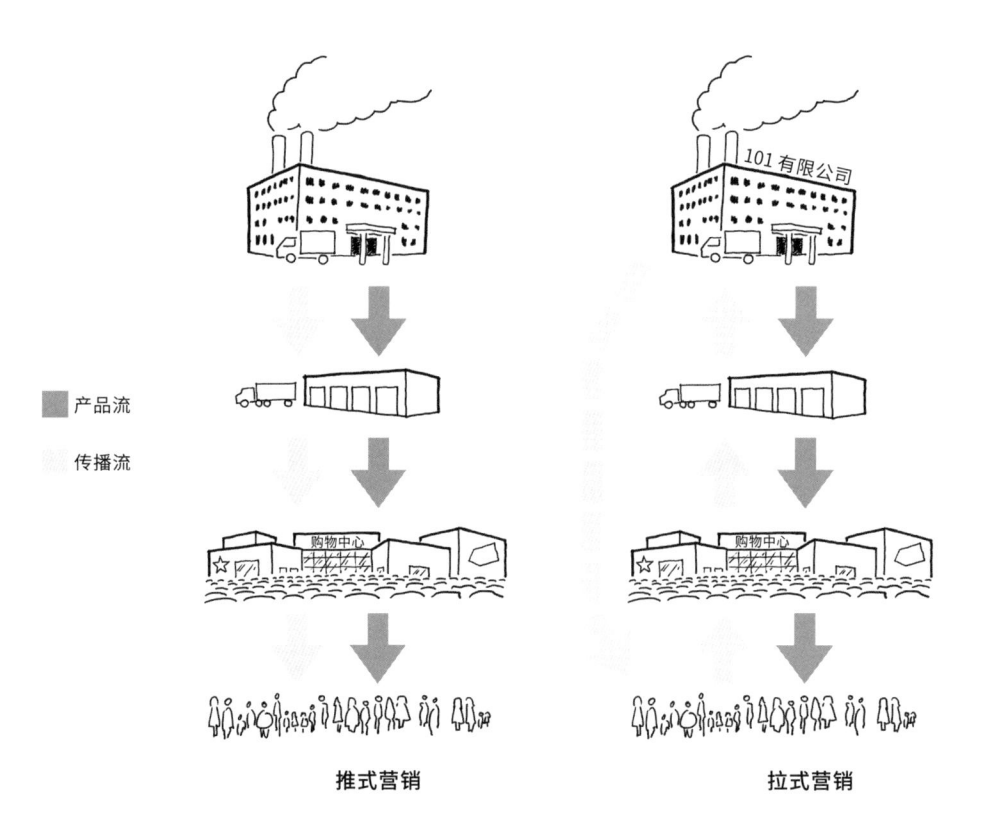

　传播流

推式营销　　　　　　　　　拉式营销

"推"是为了创造冲动,"拉"是为了创造品牌忠诚度。

在**推式策略**中,制造商通过提供免费的店内促销展示和价格折扣等方式向中间商推销产品,从而通过他们向消费者推销产品。在商品属于冲动购买、品牌忠诚度较低,或消费者已经了解产品的优点时,推式策略最有效。

在**拉式策略**中,制造商可能通过提供优惠券和免费样品等方式,直接向消费者推销产品,鼓励他们从零售商那里订购产品。当品牌忠诚度较高,消费者能感知到品牌之间的差异时,这种策略效果最佳。

次级产品

核心产品

延伸，但不要过度。

  一个好的品牌对消费者来说有辨识度，并且有意义，它可能意味着情绪安全感、品质、可靠性、安全性、美学、生活方式认同或环境可持续性。

  一家公司推出某种新类别的产品时，如果消费者熟悉其品牌，那么该产品可能会更快被接受。在理想情况下，**品牌延伸**借助并支持消费者对品牌及其产品的现有理解和印象。不过，如果一款新产品与该品牌的现有产品差异太大，例如摩托车制造商哈雷戴维森曾经推出过一款冷酒器，那么就可能会造成混乱，并可能使得品牌形象至少暂时受损。

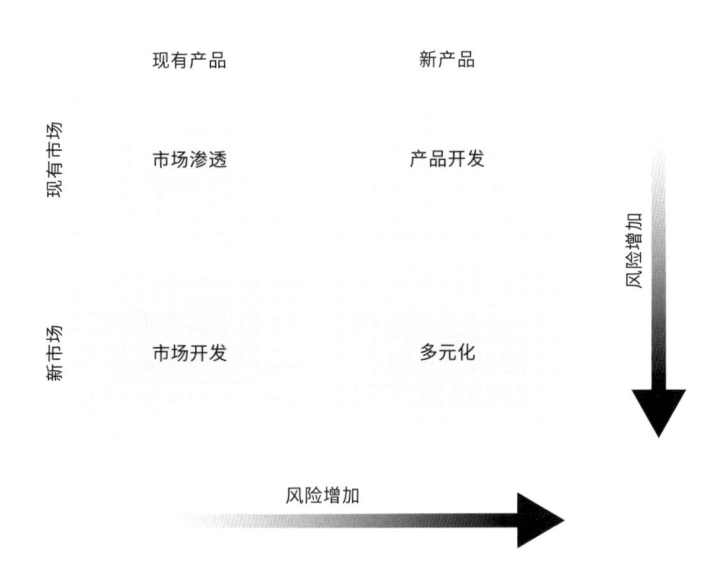

	现有产品	新产品
现有市场	市场渗透	产品开发
新市场	市场开发	多元化

风险增加 →

风险增加 ↓

参照伊戈尔·安索夫提出的安索夫矩阵

在现有市场中竞争,并针对新市场未雨绸缪。

人们可能会设想,企业的未来就是当前企业的改良版。这种想法可能会限制向新行业和相关行业扩张的机会。例如,一家将自己定义为提供电视节目的有线电视公司对其未来的定义可能过于狭隘。如果公司将其使命扩展为提供家庭之间的信息传输,那么它可以将自己定位为使用同一根电缆提供互联网、家庭安全、家庭自动化和电话服务的公司。

我滑向冰球将要去的地方,而不是它已经在的地方。

——前冰球运动员韦恩·格雷茨基

单位：吨

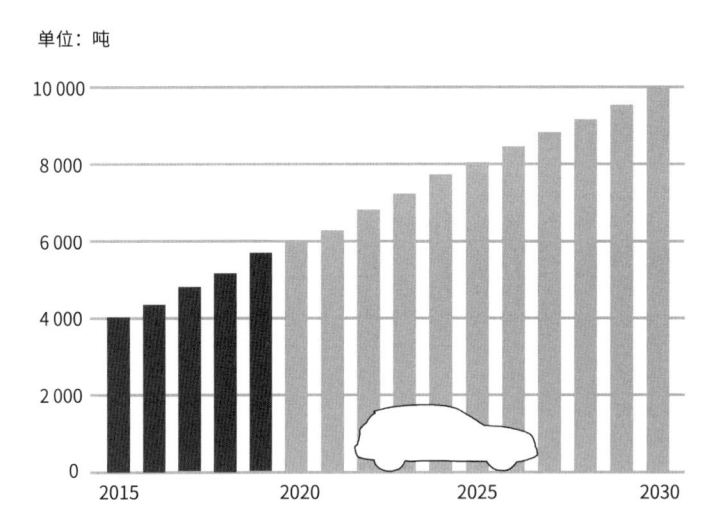

碳纤维复合材料在汽车领域的全球应用
资料来源：IHS Chemical

替代品就是竞争对手

在评估竞争对手时,要像重视直接竞争一样仔细地考虑间接竞争。来自替代品的竞争可以发生在许多层面,包括产品、成分、服务和便利性。例如,塑料是常见的金属、玻璃和陶瓷产品或成分的替代品,因此也成为它们的竞争对手。提供外卖食品的杂货店是传统快餐店的便利替代品。甚至连晾衣绳都可以算是干衣机的替代品。

功能过时　　　　　　　　　　　技术过时

过时的东西仍然可以有用

功能过时是指设备的预期功能无法运行,或是无法有效或安全地运行,应该进行更换。

技术过时是指新技术取代了旧技术;不过,采用旧技术的设备仍然可以可靠、快速和安全地运行。尽管拥有最新最好的技术很有吸引力,但与认定不得不投资于新技术相比,充分发挥旧技术的最大功能往往更好。

"自噬"的销售

在一家公司推出一种新型或改进型产品,导致其现有产品的销量下降时,就会出现所谓的自噬效应[1]。不过,与其让竞争对手推出同类新品,并夺走原本属于自己的销售额,不如让这部分销售损失在自己的手中。

在推出改进产品时,应考虑继续销售旧产品。这些产品通常可以大幅降价出售,因为其设计、模具和其他开发成本都已经收回。这种做法让客户可以选择以较低的价格购买旧产品,或是选择以较高的价格购买更好的产品。但有一点非常重要,那就是新产品要明确地提供旧产品不具备的性能,以免令客户感到困惑或不满。

---

1 自噬效应是一个市场营销术语,指公司某项新产品的销售会挤占原有产品的销售,也被称为品牌替换。——译者注

符号价值
（情感价值、地位）

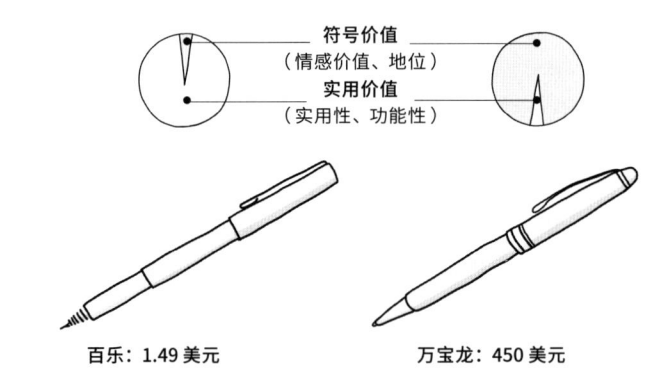

实用价值
（实用性、功能性）

百乐：1.49 美元　　　　　　万宝龙：450 美元

定价要基于其对客户的价值,而非成本。

　　了解将一个产品或服务推向客户的成本以及竞争对手的定价至关重要。但客户不太可能知道一家企业的成本或加价幅度如何。因此,企业在定价时不应该基于自己以为客户会觉得合理的加价。相反,它应该基于客户对产品所提供价值的感知。

　　在服务业,对价值的感知可能尤其多变。例如,一家为跨国公司设计标识的平面设计公司提供的价值远高于为小型独立商店设计类似标识的价值。小企业可能会在商店招牌、购物袋和顾客收据上使用这一标识,但大企业可能会在各种规模的场合使用到它——从名片到会议横幅,再到广告牌,还有从服装徽章到电视广告等各种媒介。

如何召开会议

准备。提前三到七天确定议程,并将议程分发下去。将优先级最高的事项放在最上面。让参会人员知道你希望他们做什么,以便他们提前做好准备。

如有必要,可以**考虑指定一个人**做会议记录,并计时。

管理时间和行为。准时开始会议。鼓励所有人积极参与讨论,但必要时应限制每个人的发言时间。如果辩论变得重复,及时停止辩论。

严格遵循议程。在会议开始时重申议程,并询问是否需要进行更改。确保会议的讨论围绕既定议题进行。

得出明确的结论。在适当的时候对讨论内容进行表决。

概述参会人员接下来要采取的行动(要做的事情、下次召开会议的时间等)。简要回顾并重申分配给各方的任务。

及时分发会议记录或纪要。会议记录或纪要的形式应与会议议程一致,包括讨论要点和得出的结论。应征求参会者的意见、问题、更正和澄清。

组建、激荡、规范、执行

团队引导有助于利益各异的人就目标达成共识。专业的引导者通常对其引导团队所在的领域知之甚少，但擅长帮助他人确定共同的方向。他们保持中立；他们引导讨论和辩论，而不是主导结果。一个常用的引导顺序是：

组建：组织活动；讨论议程；设定期望和基本规则；制定时间表；概述问题和期望的目标。

激荡：集思广益，记录所有参与者尽可能多的观察、想法、策略和解决方案。不要批评；记录所有的想法，即使是那些看起来不太可能奏效的想法。

规范：讨论激荡阶段提出的各种备选方案的影响；确定共同的模式和重叠部分；按相似性分类；确定层次结构。

执行：帮助团队就解决方案或行动方案达成一致；确定下一步需要采取的行动。

不过，引导过程并不是线性的。在每个阶段都有可能会出现更小的"组建、激荡、规范、执行"循环。同样，团队在执行阶段经常会获得新的洞见和/或倒退，因而必须退回早期阶段。

高效的演讲者了解他们谈论的主题和观众

什么是观众已知的？ 这个问题的答案可以告诉你从哪里开始你的演讲。通过回顾共同的背景知识或关注点，观众会感到更踏实，并更容易接受新知识和不同的观点。

什么是观众认为重要的？ 演讲者可能很自然地认为，对他们来说重要的事情对观众来说同样重要。但观众通常需要有人向他们展示利害关系。如果观众和演讲者有共同的利害关系，那么演讲将是最有效的。

什么是观众需要的？ 他们需要信息还是灵感？他们需要又一次增量学习，还是一次远远超出自身既有知识范围的拓宽性展示？在所有的新内容中，对他们而言最重要的收获是什么？

视觉演示的目的是让观众能更好地听

在幻灯片或演示板上添加额外的信息可能是一种很聪明的做法，因为这会给人一种很内行的感觉，或是给观众带来额外的价值。但最有效的视觉展示应该清晰、简洁，甚至惜字如金。将视觉展示上的文字量限制在几行或几个要点以内，五或六行通常是极限。永远不要给观众读幻灯片上的内容，用其他词语来强化和扩展上面展示的观点。使用演示软件时，应边说边播放文本。否则，观众在浏览你的幻灯片时会无法集中精力听你说话。如果你有其他细节需要传达，可以把它们放在演讲结束后发放的讲义中，或者随后以感谢邮件的形式发送。

诉讼

- 通常为非此即彼的结果
- 最正式
- 最昂贵
- 压力最大
- 结果公开

仲裁

- 可能有非此即彼的结果
- 正式
- 有一定灵活性
- 压力很大
- 结果公开或私密

调解

- 力图找到中间立场
- 通常更非正式
- 最灵活
- 压力大,但比其他方式要小
- 结果私密

争议的解决

在谈判中，越无所谓的一方越强势。

在谈判桌上，最强势的立场显然是无所谓，即摆出一副罢谈也不会有任何损失的态度。当然，这并不是说，在任何情况下或从长远来看，威胁退出谈判的策略都是最好的选择。你可能会靠这一招在谈判桌上打赢一场又一场战斗，但也可能会因威胁触怒那些本来可以成为未来生意伙伴的人而输掉更大的谈判努力，甚至可能会因此导致双输的结果。

双赢谈判旨在通过元策略[1]达成双方满意的结果：是否可以从更高层面打破僵局，让每一方都能得到他们想要的东西，从而达成各方均可接受的共识？一方的需求真的与对方的需求不可兼得吗？各方都知道什么对自己最重要吗？各方是否都能在坚守自己核心利益的同时，愿意放弃不那么重要的东西？

1　元策略是指决定在特定情况下使用哪些备选策略的总体策略。——译者注

感谢帕特里克·莱尔斯教授

每 15 分钟就有一辆电车驶过

摆在你面前的机会似乎总是千载难逢。但实际上,机会有很多。无论是买车、买房还是买公司,再等一等或再找一找通常比在没有调查清楚的情况下匆忙拍板要好。与彻底错过一笔好投资相比,成功进入一笔烂投资显然更加糟糕。

如果你没能签下一名球员，你总是能够翻身，但如果你以错误的价格签下了一名球员，那么你可能永远无法翻身。

——奥克兰运动家棒球队执行副总裁比利·比恩的名言，引自迈克尔·刘易斯的《魔球》一书

小型实体零售店的生存之道

依附他人而生。位于具有互补性的生意附近,专注满足一天中特定时间段受众的便利需求,例如,咖啡店附近的干洗店(早上)或日托设施附近的外卖餐厅(晚上)。

做好标识。不要在有限的标识空间里塞满复杂的图像或不便阅读的字体,这样做会混淆你的核心业务。为了在城区地段增加辨识度,如果允许的话,试着安装一个垂直于立面的外部标识。

根据周边环境调整橱窗布置。精致的珠宝展示在行人如织的步行街上可能很有效,但如果放到那种大型商业街的环境中,即使摆在显眼的位置,也会泯然众人矣。

提供过渡空间。做好入口处的设计,以便进店顾客如果希望立即得到店员接待,可以通过肢体语言表示出来。

打造沉浸式环境。提供在线零售无法提供的体验。让所有商品都触手可及,除了你的核心产品外,还要提供食物、音乐、社交、阅读、讲座和/或产品演示。

把顾客想要购买的商品"藏起来",让他们更容易找到可能会冲动购买的商品。不要埋没畅销产品,但要确保客户在寻找这件商品的同时也能接触到其他产品。

从新的商品陈列中拿走一两件商品。一个完美的陈列看起来不应被打乱,但一个不太完整的陈列则表明购买潮已经开始。

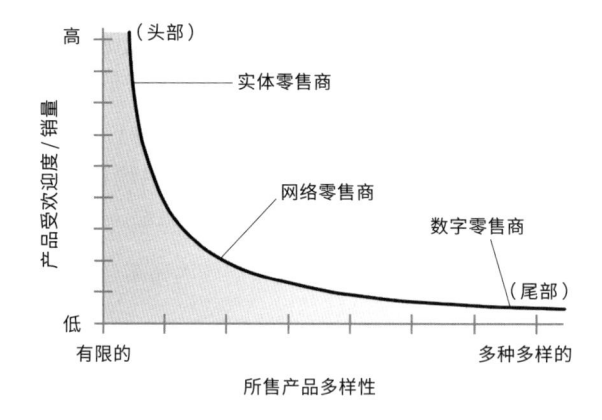

长尾在线零售模式

感谢克里斯·安德森

电商往往拥有一条长尾

与在线零售商相比,**传统实体店**的店面空间有限,场地成本高昂,库存商品种类也相对较少,每种商品都是按比例大量出售给本地的小客户群。

主打耐用消费品的在线零售商不用依赖面对面的购物者,因而可以建在人流量小、场地成本低廉的地区。这使得他们既能够存储热销商品,也能够存储滞销品,并面向全国甚至全球销售。

在线数字零售商通过网络销售数字产品。由于这些产品存储在计算机硬盘驱动器或云中,因此他们几乎不需要仓储空间。由于库存成本极低,他们能够存储销量极小的冷门商品,并在全国或全球范围内销售。由于以数字方式传输产品,他们也不会产生运输成本。

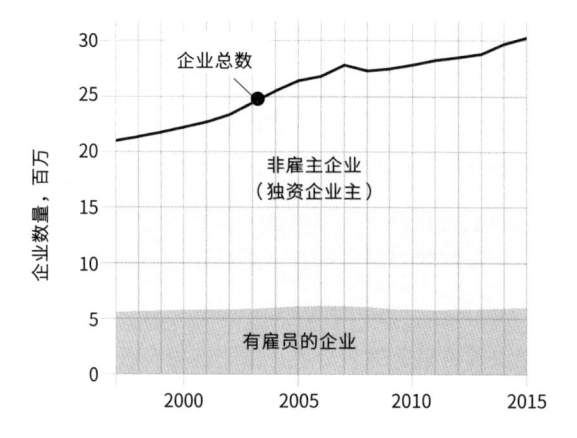

美国雇主和非雇主企业
资料来源：美国人口普查局和小企业协会

没有小企业，就不会有大企业。

　　大型跨国企业拥有小型本地企业所不具备的能力。但小企业也发挥着重要的经济功能。研究表明，投入本地企业的资金对本地经济的影响是投入连锁企业资金的 2~4 倍。
　　美国绝大多数企业都是小型和本地企业。事实上，每一家企业在其历史的某个阶段，都是小型的本地企业。

Follett   BARNES & NOBLE

两大零售业巨头起家于庭院销售

1873年,在伊利诺伊州的惠顿,查尔斯·巴恩斯(Charles Barnes)牧师决定卖掉自家的一些藏书。这次销售非常成功,促使他在家里开了一家零售书店。

三年后,巴恩斯将自己蓬勃发展的企业搬到了芝加哥。他的儿子威廉·巴恩斯(William Barnes)最终继承了生意,后来将所有权转给了查尔斯·福利特(Charles Follett),后者原是书店负责库存的员工,后来晋升为管理者。1917年,威廉搬到纽约市,与吉尔伯特·诺布尔(Gilbert Noble)一起创办了连锁书店巴诺书店(Barnes & Noble)。与此同时,查尔斯·福利特通过在众多大学校园内开设书店,在芝加哥不断扩大自己的事业。

在整个20世纪,这两家公司均蓬勃发展。虽然最初开在惠顿的书店早已不复存在,而且其所在社区的分区现在禁止零售业务,但那家在家中临时成立的公司最终催生了两家大公司。如今,巴诺书店和福利特集团经营着近3 000家普通书店和大学书店,年收入近70亿美元。

所有人都是企业家，只不过很多人没有机会发现这一点。

——穆罕默德·尤努斯，格莱珉银行创始人，
诺贝尔和平奖得主

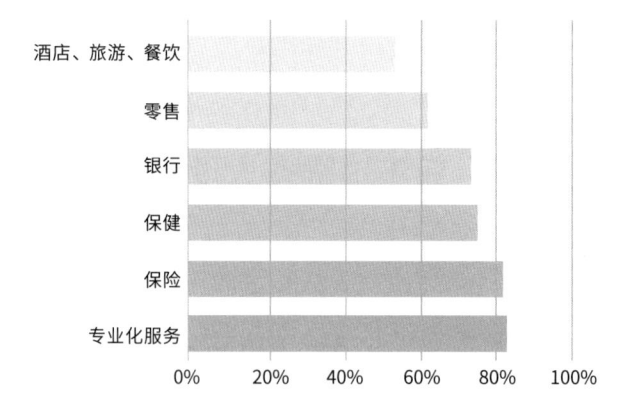

全球选定行业的客户保留率，2018 年
资料来源：Statista

不要让某一个客户左右你的业务

获得新客户往往既困难又昂贵,因此人们可能倾向于留住所有现有客户。但有些客户可能并不值得挽留。许多客户会看重企业的产品或服务,知道如何使用它们,尊重企业付出的时间和精力,并购买合理的数量,但也有一些客户会提出不合理的要求,源源不断地退货,拖延付款,同时购买数量过少,使得企业无法盈利。

大客户也可能变得有害。他们大量、持续的购买固然可以使业务更可预测,帮助企业实现盈利和规模经济,但失去大客户可能带来毁灭性的后果。如果某个客户的定期购买占据企业销售额的比例过高,当客户意识到自己的权力后,可能会要求企业将价格降低到不合理的水平。有些特别强势的客户如果不能以优惠价格做成整笔生意,甚至可能会威胁终止所有购买。

客户投诉恰恰是因为他想继续和你做生意

在一桩生意里，大多数投诉的客户并不想结束业务关系，他们只是想有所改变。如果投诉迅速得到满意的解决，客户往往会变得非常忠诚，对企业及其员工产生个人依恋，提供积极的口碑，并购买更多的产品。他们甚至可能为产品或服务支付更多的费用。

解决投诉是有成本的，但吸引新客户的成本通常高于留住现有客户的成本。同时，每一个投诉客户的背后，都意味着已经有许多不满的客户悄悄离开，一去不回头。因此，一个投诉的客户最终会为企业节省资金。

对你最不满意的客户，会让你学到最多的东西。

——比尔·盖茨，微软公司联合创始人，《未来时速》

要约与承诺

坚定、毫不含糊，在所有条款上均达成"合意"

对价

有价值之物的交换

法律意图

合法并以适当法律形式订立的

行为能力

订立合同的双方理解其义务

合同的组成部分

只写一次

一份撰写得当的合同只会对每个条款或条件做出一次定义或解释。随后提到的同一条款或条件都是对这一原版释义的再次提及或推定提及。为了强调而重复合同术语是危险的，因为上下文的差异可能会导致含义混淆，并造成不利的司法解释。此外，由于双方的谈判不可避免地需要修改合同草案，因此一份措辞冗余的文件将需要在多个地方进行修改，并且很可能会遗漏某处，从而导致最终版合同不一致。

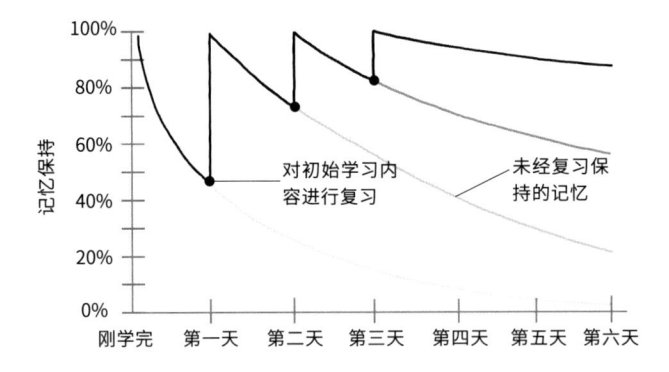

艾宾浩斯遗忘曲线

话说两遍

在言语交流中，无论我们说得多清楚，都难免会发生误解。为了尽量减少这种情况，在谈话和会议结束时进行总结，重申得出的结论，包括参与者的责任和下一步要采取的行动。用略有不同的措辞再说一遍通常有助于强化信息，并发现可能存在的误解。

在分配新任务时，要求受让人以书面形式（哪怕只是一封简短的电子邮件）表明他们理解了任务。这样做将使双方有机会及时纠正误解，以免影响他们的表现。

做得更好 ↑

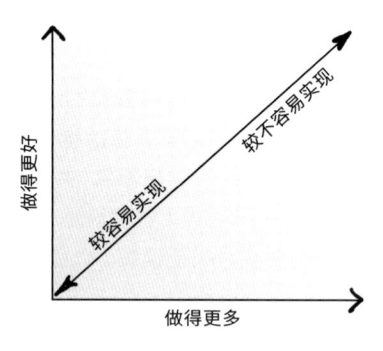

较容易实现 ↙ ↗ 较不容易实现

做得更多 →

做事不求多，但求精。

无论是企业主、经理，还是员工和学生，都可能会因试图做好太多事情而疲于应付、心烦意乱和懊恼沮丧。如果你难以保证质量、实现期望结果、如期或在目标成本内完成计划，或是任由他人抢在前面表现出色，那么你可以试着减少想做之事的数量，并专注于把更少的事情做得更好。

有些任务既重要又紧迫，有些任务紧迫但并不重要，另一些任务重要但并不特别紧迫，还有一些任务则既不重要，也不紧迫。有时，有些事情看起来很重要，但可能根本不需要做。

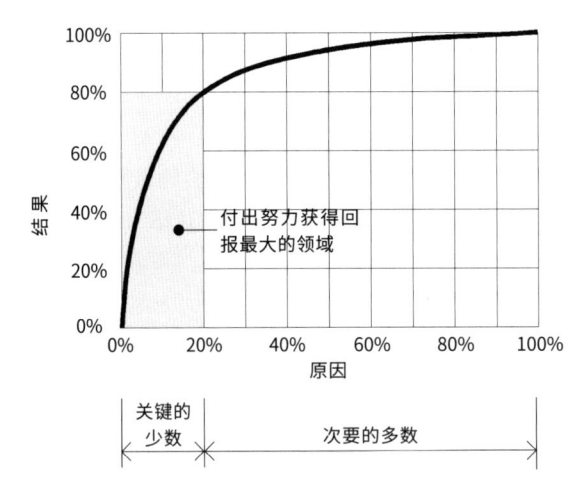

帕累托法则

舍次要多数，取关键少数。

根据约瑟夫·朱兰提出的**帕累托法则**，通常而言，20% 的原因导致了 80% 的结果。这表明，企业最好关注为其贡献 80% 销售额的那 20% 的客户，关注可实现 80% 业绩的那 20% 的努力，或是着重解决导致其 80% 问题的那 20% 的因素。有些人甚至会说，一个组织中 80% 的工作是由 20% 的员工完成的。

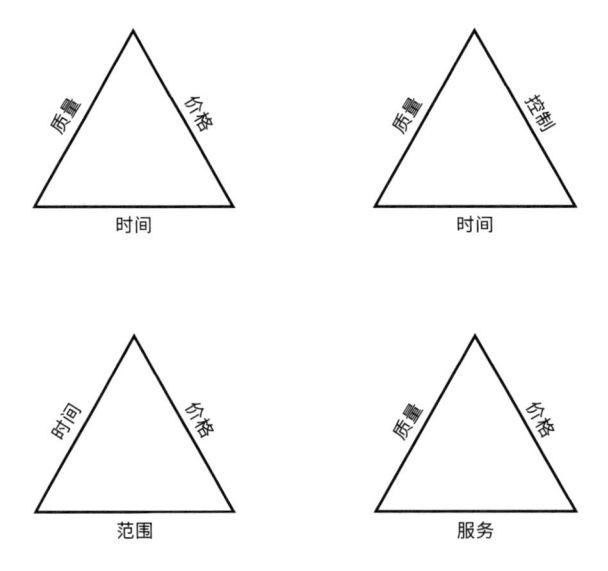

三角形的变体

质量、价格、服务，三者只能选其二。

产品的质量、价格和卖方提供的服务水平是相互依存的。没有任何一个卖方能够在这三方面均达到最佳，即同时提供最高质量、最低价格和最佳服务，并能够持续经营下去。一家以低价提供优质商品的折扣店必然只能提供有限的个人服务，而一家销售同样商品且提供细致体贴服务的商店，其产品价格必然相对更高。

在项目管理中，同样有三个类似的因素在发挥作用，即质量、价格和时间；人们只能优先考虑其中的两个。如果在项目开始后，其中一个因素发生了变化（如时间突然压缩，需要完成更高质量或更多数量的工作，或是预算被削减），那么你必须调整其中两个因素：对更高质量的要求意味着必须支付更多费用或延长时间；加快进度需要支付更多费用或接受较低的质量；预算减少则意味着进度变慢或质量下降。

风险偏好

承担风险的意愿或愿望

风险承受能力

管理风险的负面影响的能力

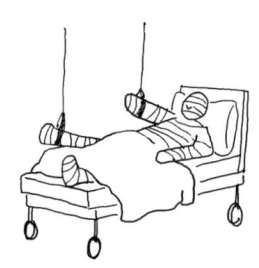

风险会自动保持在恒定水平

风险稳态理论认为，人们对他们认为在特定活动中可接受的风险水平有一种天生的感觉。当活动变得更安全时，他们的行为会更加鲁莽，从而至少在一定程度上抵消了安全收益。

巴斯大学的一项研究发现，司机开车时距离戴头盔的骑行者比距离不戴头盔的骑行者更近。另一项研究发现，慕尼黑驾驶带有防抱死制动系统出租车的司机与驾驶传统制动器出租车的司机相比，转弯速度更快，留出的反应距离也更短。最终，这两组司机实际发生撞车的比率大致相同。

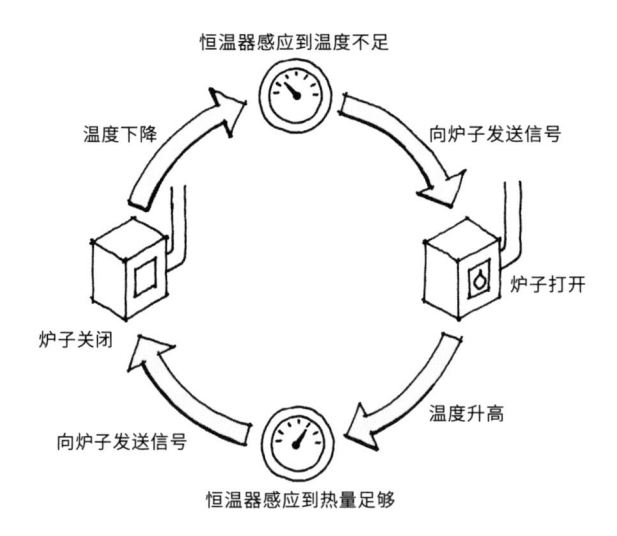

负反馈环

正反馈环和负反馈环

在**负反馈环**中，系统以与刺激相反的方向响应，从而提供整体稳定性或平衡。供求定理通常按照负反馈环发挥作用：当产品、原材料或服务的供应增加时，其价格趋于下降，这可能会导致需求上升，从而推动价格回升。

在**正反馈环**中，系统的响应方向与刺激方向相同，平衡度越来越低。例如，一个消费者在买了新东西后觉得自己很有钱，从而可能购买更多东西，并由此负债累累。最终，这位消费者可能面临财务崩溃，不得不通过出售资产或宣布破产等重大调整来摆脱困境。由于正反馈环通常会导致平衡通过剧烈的方式得以恢复，有时候人们认为它们存在于一个更大的（如果不是直接可见的）负反馈环中。

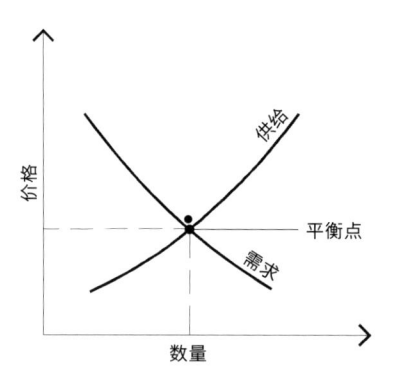

供求定理并不总是适用的

根据我们耳熟能详的**供求定理**，如果特定产品或服务的供给超过了需求，其价格就会下降；如果供给小于需求，则其价格就会上涨。价格的上涨和下降也会以同样的方式影响需求。当供给和需求完全相等时，市场处于平衡状态，且得以最有效地运行：供应商售出他们生产的所有商品，消费者则获得他们所需要的所有商品。

然而，并不是所有产品都符合这个定理。当某些奢侈品或所谓声望品[1]的价格下降时，由于消费者认为其声望价值降低，因而对其的需求随之下降。在另一些情况下，对产品的需求增加促使技术、生产和分销得到改进，进而压低了价格。电子和数字技术经常遵循这种模式。

---

[1] 声望品指那些被认为可以提高拥有或使用它们的消费者地位的物品，如珠宝和时尚服装、豪宅和汽车以及奢华的娱乐等。——译者注

谋杀案

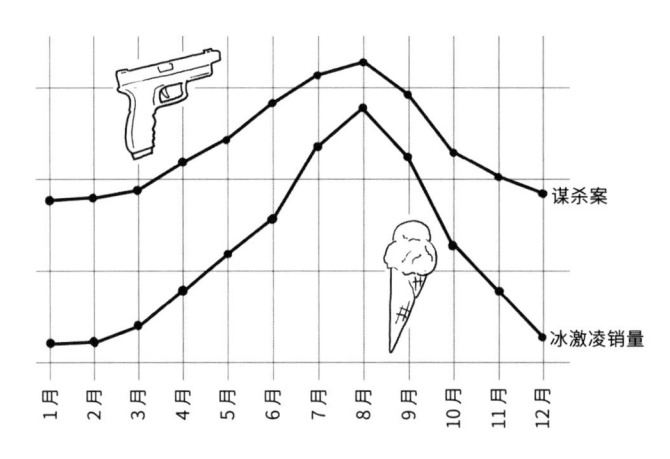

冰激凌销量

1月 2月 3月 4月 5月 6月 7月 8月 9月 10月 11月 12月

相关性并不一定构成因果关系

从 1924 年开始，伊利诺伊州西塞罗的西部电气公司开展了所谓的霍桑研究。该研究引入了各种环境变化，以确定其对工人效率的影响。最初的效率提升被认为是由于照明、工作时间和休息时间的变化。但很明显，几乎每一次环境变化，甚至是先前条件的重新引入，都会导致生产率提高。后来的理论家认为，工人工作效率提升，单纯是因为他们知道有人在观察他们。

至今仍存在争议的霍桑研究后来衍生出一个名词，即**霍桑效应**，也被称为**观察者效应**，即研究对象因意识到自己正在被研究而改变自己的行为。

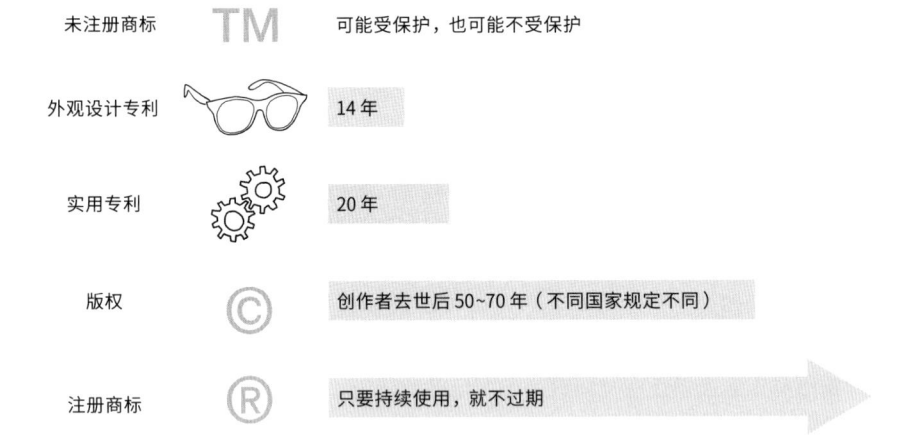

未注册商标	TM	可能受保护，也可能不受保护
外观设计专利	👓	14 年
实用专利	⚙	20 年
版权	©	创作者去世后 50~70 年（不同国家规定不同）
注册商标	®	只要持续使用，就不过期

典型知识产权保护期限

知识产权保护

商标： 个人或企业用来区分其商品的独特的词语、短语、图像、声音、香味或组合。商标在美国专利商标局注册后，将拥有正式的法定所有权，并以®表示。符号 ™ 表示产品未注册商标，而 ᔆᴹ 表示服务未注册商标。

专利： 由美国专利商标局授予的一种保护，允许发明人排除他人制造、使用、出售或进口同一发明的权利。实用专利针对产品的功能改进授予合法权利，以防止他人在未经许可的情况下复制或使用。外观设计专利保护的客体是美学或装饰元素。

版权： 一般而言，在美国版权局注册所保护的对象包括：文学、音乐、戏剧、绘画、艺术和建筑作品，电影，乐曲，录音，软件，以及广播和电视广播。只有某个想法的有形表达，而不是想法本身，才可以申请版权保护。

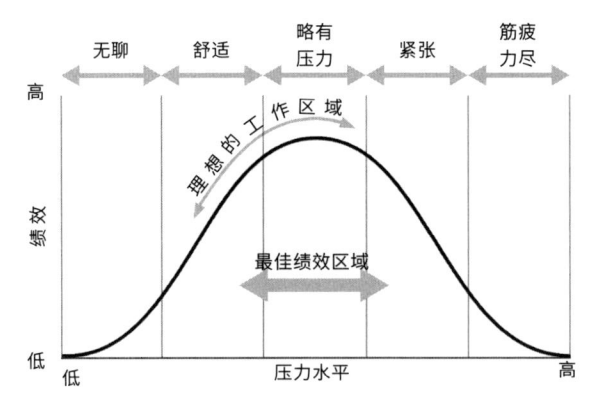

适度压力是有益的

很多原因会导致压力产生，如：紧迫的截止日期、资金的限制、苛刻的客户、激烈的竞争以及同事的期望。**耶基斯-多德森定律**表明，绩效会随着压力的增加而上升，但只是在一定程度上会如此。当压力过大时，绩效就会下降。

时刻做好准备

永恒不变的是变化本身。新的竞争者会出现，现有的供应商会消失。成本会增加，产品会短缺，客户会无故离开，重要的客户会转向其他供应商。自然灾害、工人罢工和流行病会在几乎没有任何预兆的情况下发生。关税和贸易政策的改变会在一夜之间使价格提高。

危机是指变化突然发生的时期，而变化也会带来机遇——尽管这些机遇可能存在于你并不看好或不曾关注的地方。飓风会造成破坏，但也会在飓风袭来之前创造对胶合板的需求，并在之后创造对更多建筑材料的需求。大流行可能会迫使人们待在家里，但会导致人们对医疗设备和食品配送的需求增加。贸易战可能会导致成本急剧增加或物资短缺，但新的货源将会出现，并可能为终身合作伙伴关系奠定基础。

人生的两大基本规则是：
1. 变化不可避免。
2. 人人抗拒变化。

——爱德华兹·戴明（1900—1993），管理顾问

400 美元

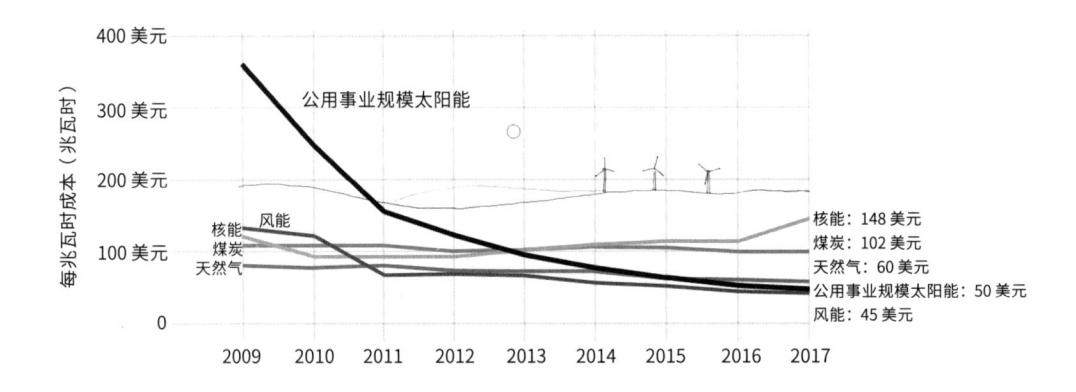

300 美元　公用事业规模太阳能

200 美元

核能
风能
煤炭
100 美元
天然气

核能：148 美元
煤炭：102 美元
天然气：60 美元
公用事业规模太阳能：50 美元
风能：45 美元

0

2009　2010　2011　2012　2013　2014　2015　2016　2017

每兆瓦时成本（兆瓦时）

北美平准化能源成本

资料来源：拉扎德公司的平准化能源成本分析，2017 年

绿色政策可能会让企业"基业长青"

可持续实践往往更多地出于生态考虑,而非经济利益。例如,与传统能源系统相比,替代能源系统通常需要付出较高的资本成本,并且这可能看上去是不必要的费用。但从长远来看,它们的运营成本几乎总是更低,也更经济。例如,在建筑物中安装地热供暖系统的成本高于安装以石油或天然气为燃料的供暖系统。但是,一旦支付了基础设施的费用,地热能几乎是免费的。

对所有能源生命周期成本的分析表明,几乎所有替代燃料都比化石燃料便宜。

银行发放高风险贷款

许多贷款未得到偿还

政府救助银行

银行未蒙受损失

道德风险

如果组织和个人无须为失败承担负面的结果，就会存在**道德风险**。道德风险可能源于正反馈环。例如，如果某个贷款人由政府提供贷款违约担保，则该贷款人可能会向信用不佳的客户发放高风险的高息贷款，因为这样做最糟糕的后果只是不亏不赚，但却可能实现极高的回报率。

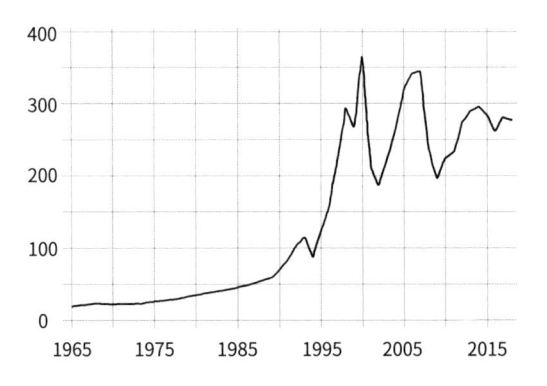

营利性公司 CEO 的薪酬与普通员工薪酬的比率

资料来源：经济政策研究所

做好事能让你做得更好

2015 年，西雅图一家信用卡支付公司的 CEO 丹·普莱斯被一位生活窘迫的员工大骂了一顿。普莱斯当时生气地进行了辩解，但他后来意识到自己的薪资与员工薪资之间的巨大差异。他读到的一篇文章称，工人在年薪达到 7 万美元时对未来最不担心。于是，普莱斯将自己的工资从 110 万美元降至 7 万美元，并宣布公司全体员工的最低工资为 7 万美元。这个薪资水平实际上使他的 120 名员工中有超过三分之一的人的工资翻了一番。

一些薪酬较高的员工不同意这项政策，并离职了。但经过一段时间的调整，生产率提高了。工人能够不用兼职，专注于做好一份工作。许多人能够负担得起住在离工作地点更近的地方，通勤时间有所减少。员工拥有住房的比例从 1% 跃升至 10%。由于媒体报道了普莱斯的善行，公司的业务量在五年内从 38 亿美元增加到 102 亿美元，并使他的员工人数增加了一倍。

宗族型

像家庭一样、辅导、培养，"一起做事"

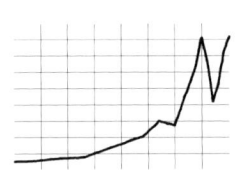

市场导向型

注重结果/成就、充满竞争，"把事做成"

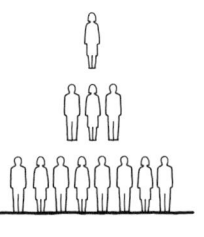

等级型

结构化、可控、高效、稳定，"把事做对"

灵活型

充满活力、非结构化、冒险、创新、"做事第一"

四种类型的组织文化

资料来源：罗伯特·奎因和金·卡梅伦，密歇根大学安娜堡分校

在与一个组织合作或为一个组织工作之前，先了解它的文化。

组织文化是组织内部认可的一系列行为、规范、态度、优先事项和信念。组织文化的差异很大：在有些组织中，管理层高高在上，而在另一些组织中，他们更平易近人。在有些组织中，流程和行为率性随意，不走寻常路，而在另一些组织中，规则化和可预测性是一种规范。糟糕的文化匹配不仅会给员工带来不适，还会损害企业的整体运营——破坏那些在非文化方面本来匹配良好的合并、合作和工作关系。

Widget Corporation
Business Plan

Introduction	1
Executive Summary	2
Company Description	4
Products and Services	7
Market Analysis	17
Strategy and Implementation	22
Organization and Management Team	
Financial Plan and Projections	25

激情催生企业,经营成就企业。

  许多小企业之所以失败,是因为它们的老板将他们对某个领域的激情误认为是在该领域经营企业的愿望。成功的企业主当然充满激情,但他们同样认识到,激情本身并不足以构成一个充分的商业计划。他们知道,想要让他们的一腔激情最终星火燎原,就要把商业运营的方方面面置于首要位置,并加以重视,包括市场营销、融资、招聘、培训、解雇、计划、谈判、采购、平衡账目、维护实体工厂、解决员工纠纷等。

我们要想活着，就必须呼吸，但我们不能说我们活着只是为了呼吸。同样，赚钱对企业的生存固然非常重要，但赚钱并不能成为企业生存的唯一理由。

——阿努·阿迦，Thermax 有限责任公司前董事长

致谢

来自迈克尔

感谢萨尔·迪维塔、杰夫·洛夫、凯文·沃斯皮、凯文·杰克逊、乔·马奥尼、格雷格·凯勒、阿比·格里芬和比尔·布鲁克斯。

来自马修

感谢特蕾西·阿林顿、阿利萨·巴伦、戴维·布莱斯德尔、迪克·卡纳达、保罗·考尔菲尔德、索切·费尔班克、玛丽·海伦·吉莱斯皮、张诚、吉姆·莫纳格尔、罗尼·诺兰和桑迪·帕兰。

2